Bor!

Geschichten über das abenteuerliche Leben
der Ruhrgebietler
herausgegeben von Friedhelm Wessel

Henselowsky
Boschmann

Friedhelm Wessel, Jahrgang 1944, verbrachte Kindheit und Jugend zwischen der Jacobi-Siedlung in Oberhausen – wo Oma ihr klein Häuschen und Opas geliebter Karnickelstall standen – und dem Dichterviertel in Herne – wo alle Straßen nach großen deutschen Schriftstellern benannt sind. Eigentlich sollte er Ingenieur werden, entschied sich aber schließlich 1970 für den Journalismus. Zunächst als »Freier« zwischen Mülheim und Dortmund, dann ab 1973 als Redakteur in Gelsenkirchen und Bottrop. 2007 ging er in den Ruhestand und befasst sich seitdem als Autor mit der Geschichte und den Geschichten des Ruhrgebiets. Er lebt in Herne.

Für meine Familie

Boschmann und Bunpanya-Boschmann GbR
Schützenstraße 31 · 46236 Bottrop
www.vonneruhr.de · post@vonneruhr.de
1. Auflage 2018
ISBN 978-3-942094-86-3
Umschlagfotos: Archiv Friedhelm Wessel
Druck: Friedrich Pustet GmbH & Co. KG, Regensburg

Inhalt

Geschichten über das abenteuerliche Leben der Ruhrgebietler

Abenteuerangeln – Liebe Leserinnen und Leser, schauen Sie bitte auf das Foto, schauen Sie in die Gesichter von erfolgreichen Abenteueranglern am Rhein-Herne-Kanal! Das Ruhrgebiet ist für jeden mit diesem Drang ein Paradies. Hier gibt es nicht nur die allerfeinsten Fanggründe, sondern auch die exquisitesten Abenteuer abzufischen. Und wenn man sich ein wenig anstrengt, ist die Fangquote garantiert hoch.

Das Schönste: Sie können im Ruhrgebiet an jeder Ecke abenteuerangeln. Also überall. Ohne Köder! Das ist weltweit einmalig! Hierzu benötigen Sie lediglich ein waches, neugieriges Auge, etwas Phantasie und – was unabdingbar ist – »Liebe zur Region«. Aber diese Liebe besitzen Sie ja, sonst hätten Sie dieses Buch nicht gekauft.

»Petri Heil!« wünscht Friedhelm Wessel

Das Ruhrgebiet schreibt Geschichten wie Hollywood in seinen besten Zeiten. Und das jeden Tag. Alle mit Happy End. Leider nur selten verfilmt. Welch eine tolle Besetzung böte sich für den folgenden Thriller an: Clark Gable als Herzensbrecher Willi Zimmek; Doris Day als Willis Frau Käthe; und für die Rolle ihrer Gegenspielerin Gertrud Henneböhl: Da müsste Rita Hayworth ran.

Friedhelm Wessel
Die Wallfahrt der Betschwestern

12.00 Uhr mittags: Die Vorbereitungen waren fast beendet. Das gute Kaffeeservice, das sie dereinst von ihren Schwiegereltern zur Hochzeit geschenkt bekommen hatten, stand nach einem ausführlichen Handspülgang perfekt ausgerichtet auf dem Wohnzimmertisch. Auch die gute Damasttischdecke, die sie nur zu ganz besonderen Anlässen auflegte, war zum Einsatz bereit. Käthe Zimmek, stellvertretende Vorsitzende des Müttervereins St. Marien, erwartete den Restvorstand im häuslichen Wohnzimmer zu einer Sitzung, denn das Pfarrheim, in dem sonst getagt wurde, stand wegen größerer Renovierungsarbeiten nicht zur Verfügung.

Und: Käthe war gewillt, die Ausnahmesituation auch anderweitig zu nutzen. Für sich selbst. Vielleicht wäre es ja möglich, durch eine überzeugende Präsentation und einen geschickt eingestreuten Hinweis auf die Idee zu verweisen, dass sie, Käthe Zimmek, als Vorsitzende des Müttervereins St. Marien viel geeigneter wäre als die »Henne«. Die nächsten Wahlen lugten bereits um die Ecke.

Gertrud Henneböhl, Frau des Bäckers Karl Henneböhl, wegen ihrer Hakennase nur »Henne« genannt. Von allen, aber heimlich. Dachte Käthe an die »Henne«, dachte sie auch an E 605, das Gift für Schwiegermütter und andere. Liselotte, ihre beste Freundin, arbeitete in einer Apotheke.

Zufrieden schaute Käthe in ihr Wohnzimmer mit seinen dunklen Möbeln. Weil sie nur vier passende Stühle besaß, hatte sie zwei aus der Küche dazugestellt, klug positioniert an den Kopfenden. Käthe nickte zufrieden. Alles perfekt! Als i-Tüpfelchen ihrer Präsentation wollte sie eine technische Neuerung vorführen: den Tropfenfänger.

Käthe wurde abrupt aus ihren Gedanken gerissen, als ihr Mann Willi sie in den Nacken küsste. Er war am frühen Morgen von einer Doppelschicht zurückgekehrt, hatte sich hingelegt, und der Hunger hatte ihn jetzt geweckt.

Zwischen Ruhrgebietlern herrscht fast immer die reine Harmonie. Die wenigen Ausnahmefälle werden kurz und bündig geklärt: von Männern in der Kneipe, von Frauen am Kaffee-und-Kuchen-Tisch.

Willi blickte seine Frau erwartungsfroh grinsend an und zupfte an seinem Brusthaar, das zwischen den Hosenträgern, die seine schwarze Manchesterhose hielten, üppig hervorquoll. Natürlich war er barfuß.

Käthe schob ihren Mann in die Küche, und während sie ihm je ein »Polnisches« und ein »Russisches Butterbrot« schmierte, erzählte sie ihm von der bevorstehenden Sitzung. Während Willi das »Polnische« verzehrte, murmelte er: »Du und deine Betschwestern.«

Nachdem er das »Russische Butterbrot« aufgegessen hatte, war Willi pappsatt und so müde, dass sein Unterbewusstsein beim Aufstieg in die obere Etage, in der sich das eheliche Schlafzimmer befand, die Warnung seiner Frau nur noch sacht, leise und wie um ganz viele Ecken herum wahrnahm: »Und komm, während wir tagen, bitte nicht in diesem Aufzug runter. Meine Damen fallen mir sonst noch in Ohnmacht.«

Weg war er. Endlich kein Störenfried mehr in ihrem Reich! Käthe holte den Kellerkuchen aus dem Keller, eine Spezialität, die Mutter ihr vererbt hatte, und ging danach die allerletzten Feinheiten durch. Der Kanarienvogel im Wohnzimmer, nach ihrem verstorbenen Vater »Waller« genannt, bekam eine alte Tischdecke über seinen Käfig. Fertig!

*

16.00 Uhr nachmittags: Der Vorstand des Müttervereins St. Marien betritt das Wohnzimmer. »Schön hier, aber ein wenig eng«, eröffnet die Vorsitzende Gertrud Henneböhl das Gespräch, nimmt auf dem am Kopfende an der Fensterseite stehenden Küchenstuhl Platz, nachdem sie sein Polster mit einem grauen Taschentuch von einigen imaginären Fusseln befreit hat. Käthe setzt sich ihr gegenüber ans andere Kopfende, die vier weiteren Vorstandsdamen verteilen sich, zwei links, zwei rechts, auf die Wohnzimmerstühle. Gertrud Henneböhl eröffnet die Sitzung mit einem solo gebeteten »Vaterunser«, lässt eine Anwesenheitsliste herumgehen und macht Käthe zur Protokollantin der Sitzung. Die opponiert mit dem Argument, dass sie in die Küche müsse, um den Kuchen zu holen, und währenddessen nicht protokollieren könne. Die Vorsitzende beraumt zur Protokollfrage eine Abstimmung per Handzeichen an. Sie selbst, Erna Schwittek, Gerda Warmers, Hanne Kubicki und Traude Henke stimmen für den Antrag, dass Käthe das Protokoll übernehmen soll. Ebenfalls einstimmig bei einer Enthaltung wird der Zusatz verabschiedet, dass als Punkt 1 der Tagesordnung aufgerufen werden soll: »Käthe holt Kellerkuchen und serviert ihn dem Vorstand des Müttervereins St. Marien.«

Die gemeinsame Zubereitung von Mahlzeiten wird im Ruhrgebiet in der Regel mit einem ausgiebigen Pläuschken unterlegt.

»Polnisches Butterbrot«: Man bestreiche eine Schnitte Graubrot mit Butter und anschließend mit Leberwurst. Diese wiederum wird mit hinreichend Senf bestrichen und flächendeckend mit in Scheiben geschnittener Gewürzgurke belegt. Zur Abdeckung und Krönung dient eine Scheibe Schwarzbrot. Am besten isst man mit Messer und Gabel diese unverschämt leckere Zusammensetzung, da sich ansonsten leicht die Mischung aus Senf, Leberwurst und Essig an den Fingern wiederfindet.

»Russisches Butterbrot«: Man bestreiche eine Schnitte Graubrot mit Butter und anschließend mit Leberwurst. Diese wiederum wird mit hinreichend Senf bestrichen und flächendeckend mit altem Holländer Käse belegt. Auf diesen legt man großzügig rohe Zwiebeln, die man mit einer Scheibe Schwarzbrot abdeckt. Das Ganze klingt furchtbar, schmeckt aber dennoch sehr gut. (Rezeptur: Werner Bergmann, Oberhausen)

Punkt 1 der Tagesordnung wird aufgerufen, und Käthe geht in die Küche, kommt mit dem Kellerkuchen zurück und serviert ihn. Dieser findet bei Erna Schwittek, Gerda Warmers, Hanne Kubicki und Traude Henke großen Anklang. Gertrud Henneböhl kommentiert allerdings: »Den kann mein Karl viel besser« und stellt den Antrag, ihren Kommentar wortwörtlich ins Protokoll aufzunehmen. Der Antrag wird bei einer Gegenstimme angenommen. Käthe geht ein zweites Mal in die Küche und kommt mit einer großen Kaffeekanne zurück. Als sie den Tropfenfänger erblickt, sagt die Vorsitzende: »Das ist ja mal 'ne Neuheit.« Die Protokollantin stellt den Antrag, dass dieser Kommentar ins Protokoll aufgenommen wird. Ihr Antrag wird lediglich durch eine Stimme befürwortet und deshalb abgelehnt.
Als Tagesordnungspunkt 2 wird das Ziel der anstehenden Wallfahrt des Müttervereins St. Marien von der Vorsitzenden aufgerufen. Eine Befragung der Mitgliederinnen hat ergeben, dass Neviges oder Kevelaer gewünscht sind. Nach einer regen Diskussion werden beide Ziele abgelehnt, ohne dass ein neues Ziel vorgeschlagen wird. Der Antrag der Vorsitzenden, dass Käthe für jede Anwesende ein weiteres Stück Kellerkuchen aus der Küche holt und vor dessen Verzehr zur Erleuchtung eine stille Gebetspause mit einem Dutzend »Gegrüßet seist du, Maria« eingelegt wird, wird einstimmig angenommen.

*

Diesmal wurde Willi von seiner Blase geweckt. Er zog den Pinkelpott unter dem Bett hervor, und in der Sekunde, nach der seinem Organ Genüge getan worden war, meldete sich sein Hunger. Willi stellte das halb gefüllte Porzellanteil auf dem Nachttisch ab, schlüpfte in seine schwarze Manchesterhose, zog die Hosenträger hoch und ließ sie einmal klacken, kratzte sich am Brusthaar, schnupperte einmal prüfend über seinen Ausscheidungen und machte sich dann gemeinsam mit dem Pinkelpott auf den Weg nach unten.

»Verdammt still hier inne Bude«, murmelte er vor sich hin, als er am Treppenabsatz ankam. Kein Klappern aus der Küche, kein Ton von Waller aus seinem Käfig im Wohnzimmer.

Willi öffnete mit der linken Hand die Wohnzimmertür und trat, in der rechten Hand den Pinkelpott balancierend, ein. Da saßen sechs Frauen, die mit geschlossenen Augen auf den Tisch starrten, jede vor sich ein Stück Kellerkuchen. Der Schock, der durch diesen Anblick bei Willi hervorgerufen wurde, reichte aus, um den Pinkelpott aus der Balance zu bringen.

*

Wenn man es schafft, den Staubsauger zu übertönen, kann während des Pläuschkens auch Hausarbeit erledigt werden.

Kellerkuchen (auch Schwarze Kiste, Kalter Hund und Zebrakuchen)
Ein Kuchen, der eigentlich kein Kuchen ist, da er nicht gebacken wird, aber dennoch unverschämt lecker und als Kalorienbombe ein Angriff auf die Figur ist. Die Zutaten sind: 250 g Butterkeks; für die Creme: 2 Eier, 150 g Puderzucker, 50 g Kakao, 5 Esslöffel Milch, 300 g bestes Kokosfett (z. B. Palmin), 30 g geschälte, gehackte Mandeln, 1 Teelöffel gemahlener Kaffee (oder je nach Geschmack etwas mehr). Zubereitet wird der Kellerkuchen so: Die verquirlten Eier, Zucker, Kakao und Milch gut verrühren. Das zerlassene Kokosfett nach und nach in kleinen Mengen unter tüchtigem Rühren dazugeben; danach die gehackten Mandeln und den feingemahlenen Kaffee. Eine Kastenform mit nassem Pergamentpapier auslegen, den Boden mit Creme bedecken, eine Lage Keks darauf, wieder mit Creme bestreichen und sofort, als Letztes wieder eine Lage Keks; über Nacht kalt stellen. Am nächsten Tag stürzen, in Scheiben schneiden. (Rezeptur nach Käthes Mütter und Werner Bergmann, Oberhausen)

Der erste Rest ist schnell erzählt: Der gesamte Vorstand des Müttervereins St. Marien erlitt ebenfalls einen Schock. Der dicke Perser, auf den der Pinkelpott traf, verhinderte sein Zerbrechen; allerdings platschte es recht laut, als dessen Inhalt sich selbstständig machte. Das Gebet wurde unterbrochen, die Augen wurden kurz geöffnet und in einer spontanen Reaktionen wurde damit begonnen, ein forderndes »Vaterunser« zu beten. Willi kraulte während des Gebetes sein Brusthaar und nahm nach dem Gebet den Pinkelpott hoch, schnupperte einmal und machte sich dann gemeinsam mit ihm auf den Weg zum Klo. Die Vorsitzende entschied, dass die anstehenden Wallfahrt nach Kevelaer führen werde und beendete danach die Sitzung mit den Worten: »Wir danken unserer Käthe für die außergewöhnliche Gastfreundschaft und die tiefen Einblicke in das abenteuerliche Leben einer Bergmannsfrau.«

*

Der zweite Rest – ein Happy End, das sonst nur Hollywood hinbekommt: Weder das Brusthaar noch der Pinkelpott gelangten ins Protokoll. Die Wallfahrt nach Kevelaer fand stand, wurde ein Riesenerfolg und es geschahen zwei Wunder. Entscheidenden Anteil an diesen hatte der Gatte der stellvertretenden Vorsitzenden, Bergmann Willi Zimmek, der sowohl auf der Hinals auch auf der Rückfahrt für das Unterhaltungsprogramm zuständig war. Er nahm an der Wallfahrt als persönlicher Ehrengast der Vorsitzenden Gertrud Henneböhl teil, die wie ihre Stellvertreterin Kätha – oh, Wunder! – von den Mitgliederinnen des Müttervereins St. Marien während der Hinfahrt in ihrem Amt bestätigt wurde. Auf Lebenszeit.

Während der sehr feuchtfröhlichen Rückfahrt stießen Gertrud und Willi auf du und du an. Und die »Henne« durfte den Willi fortan – oh, Wunder! – »Hahn« nennen …

Ruhrgebietsfrauen sind weltweit sehr begehrt und Ruhrgebietsmänner deshalb äußerst kreativ, sie durch liebliche Bezeichnungen an die Region zu binden. Hier eine kleine Auswahl: Dierken, Etteken, Schnüssken, Föttken, Häppken, Mäusi, Mäuselöffelken, Püppi, Stitzken, Täubin.

Manfred »Manni« Hoese ist in Gelsenkirchen-Rotthausen aufgewachsen. Er ist fünf Jahre alt, als die Nationalsozialisten im Januar 1933 endgültig zur »Machtergreifung« schreiten. Auch in Rotthausen, einer der kommunistischen Hochburgen im Ruhrgebiet, wo die Leute »arm, aber sauber« waren und die Familien viele Kinder hatten, die sich natürlich ein Loch in den Bauch freuten, als der Zirkus nach Rotthausen kam …

Manfred Hoese
Nich am Bär packen …

Der Südteil von Gelsenkirchen-Rotthausen mit seinen Mietskasernen, das war das »Bunkenviertel«, das Proletenviertel. Bei uns wohnten weder Zechenherren noch Zahnärzte, keine Pastoren, auch keine Lehrer. In der Steinfurthstraße stieß ein Haus ans nächste. Keine Bäume. Trübes Licht. Die Sonne erreichte die Fahrbahn am späten Nachmittag. Und nur für kurze Zeit. Die Leute waren arm, aber sauber. Die meisten jedenfalls. Sprachen alle mit Du an. Außer Steiger und Betriebsführer. Und sie wählten Rot. Kommunisten oder Sozis.

Das große Vergnügen, außer Weyreuthers Lichtburg-Kino mit Dick-und-Doof- oder »Koffboy«-Filmen am Sonntag, war »im Fenster liegen«. Ein weiches Kissen für die Ellbogen, mehr brauchte man dazu nicht. Zum Glück lag das Schlafzimmer unserer zweiten Wohnung zur Straße hinaus. Hier gab es immer etwas zu sehen: spielende Kinder, Männer, die betrunken nach Hause torkelten, der neue Mantel der Nachbarin von gegenüber, Familienstreit bei offenem Fenster. Der Brotwagen kam, der Fischkerl, der Klüngelskerl und der Gemüsefritze. Und der Mann mit dem türkischen Honig. Der Scherenschleifer trat ständig auf einen Hebel und bewegte so den Schleifstein, der durch ein Wasserbett lief. Auch der Drehorgelmann guckte sehnsüchtig zu den Fenstern hoch und hoffte auf ein paar Pfennige.

Einmal im Jahr kam der Zirkus nach Rotthausen. Na ja, nur ein kleiner Wanderzirkus. Der passte gerade mal in die Baulücke gegenüber von Pfülbs Kneipe. Ein wahrer Muskelprotz war das, den sie da in die Arena stellten. »Der stärkste Mann der Welt! Wer den beim Ringkampf besiegt, kriegt zwanzig Mark!« stand auf den Plakaten. Also den Lohn von drei Schichten unter Tage. Der Zirkusdirektor mochte wohl geglaubt haben, dass sein Kaventsmann jeden Kampf gewinnen würde gegen die ausgemergelten Rotthauser Bergleute. Aber er kannte den Otto nicht. Otto Muskulus aus der

Wir Ruhrgebietler sind schon einmalige Typen, die sich auch in den sogenannten »schlechten Zeiten« nicht unterkriegen lassen. Gerade in denen legen wir unser charmantestes Lächeln auf und denken: Scheiß drauf!

Hilgenboomstraße. Hauer auf Schacht VIII. Der Name passte zu ihm wie das Schalholz zum Stempel, denn er war ein Kerl wie ein Kleiderschrank, mit mächtig breiten Schultern.

Der Otto sprang also in den Ring, lieferte einen spannenden Kampf und legte seinen Gegner schließlich aufs Kreuz. Wir klatschten wie verrückt, und der Direktor musste die zwanzig Mark herausrücken. Wohl oder übel.

Im nächsten Jahr wollte er Revanche. Kam mit zwei Muskelmännern wieder. Der Otto gewann auch diesmal seinen Kampf. Danach winkte er lässig seinen Bruder in den Ring: »Pidder, komm mal rauf!« Der Pidder kletterte durch die Seile und legte seinen Gegner genauso auf die Matte wie sein Bruder. Rotthausen jubelte.

Hatten wir uns zu früh gefreut? Der Zirkusdirektor wollte die Schlappe nicht einstecken. Im nächsten Herbst kam er wieder. Diesmal mit einem Bären. Einem großen Bären. Mit abgefeilten Tatzen und einem Maulkorb. Unser Otto, nicht feige, kletterte wieder in die Arena.

Wir klatschten wie besessen. Der Zirkus war proppenvoll. Der Direktor im Frack und mit Zylinder führte das Tier in die extra gesicherte Arena und verkündete die Attraktion: fünfzig Mark für den Sieger. Auf einem großen Schild stand: »Nich am Bär packen!«

Ein Gong ertönte, und der Direktor ließ das Tier von der Leine. Langsam tapste der Bär auf Otto zu. Dann blieb er stehen. Totenstille im Zirkus. Plötzlich sprang Otto auf den Bären zu. Wollte er ihn umarmen mit der Linken? Ein kurzes Gerangel. Dann hörten wir ein lautes Quieken. Fast so wie von einem Schwein. Der Bär quiekte, ja, er quiekte.

Dann fiel er um. Das Riesentier kippte einfach nach hinten. Lag auf dem Rücken. Otto obendrauf. Wollte partout nicht loslassen. Krallte sich an dem Bären fest. Der Direktor hielt ihm den versprochenen Fuffziger vor die Nase und führte dann das Tier hinter die Kulissen.

Die Muskulus-Brüder aus der Hilgenboomstraße wurden die Helden der nächsten Jahre. Doch beide hauten nie damit auf den Putz. Sprachen nur selten über ihren Erfolg. Und wenn der Otto bei Pfülb an der Theke stand und mal wieder »nachem Bär« gefragt wurde, meinte er trocken: »Weiße Kumpel, da gibtet einen töften Kniff. Den musse eben kennen!« Aber erst, wenn der Frager eine Thekenrunde bestellte, erzählte Otto weiter: »Du muss sofort drauf auf dat Vieh! Hinpacken, als wenne den Boxer inne Faust hättest. – Wohin du packen muss?«

Doch darauf gab der Otto nie eine Antwort. Grinste nur über sein breites Muskulus-Gesicht.

Bis heute kommt der Zirkus ins Ruhrgebiet, sogar per Eisenbahn wie auf dem Foto oben von 1974 über den Güterbahnhof Gelsenkirchen und in der 1990er Jahren – siehe unten – sogar ins ländliche Kirchhellen.

Wir haben ganz viele Dichterperlen, die wir sehr lieb haben. Wenige zu nennen, hieße, viele zu vergessen. Einen zu nennen, heißt, ihn für alle zu nennen: Hubertus A. Janssen, gelernter Münsterländer und westfälischer Kosmopolit. Sein Motto: »Kürzer ist länger.« Man sieht es geradezu, wie er die Wörter greift, wie er sie anschaut, anspricht, von allen Seiten, und plötzlich fühlen lässt wie am Rhein-Herne-Kanal.

Hubertus A. Janssen
Rhein-Herne-Kanal

Acht Faltboote tauchen in Herne
am Horizont auf aus der Ferne.
Faltboothochkonjunktur,
zwischen Emscher und Ruhr.
Faltboote entfalten sich gerne.

Unsere Wasserperlen: Ruhr, Lippe, en Stücksken Rhein, Sodinger Bach, Muttenbach, Berne, Boye, Harpener Bach und noch ganz viele Bäche, natürlich der Rhein-Herne-Kanal und die Emscher. Die beiden Letztgenannten haben wir besonders lieb, weil sie so oft unter ferner liefen laufen.

England hat Stonehenge, Peru Machu Picchu, der Atlantik das Bermuda-Dreieck und Berlin einen Flughafen, der nie fertig wird: geheimnisvolle Orte, die dafür geschaffen sind, dass spannende, einmalige, ganz außergewöhnliche Geschichten in ihnen und um sie herum spielen. Das Ruhrgebiet besitzt nicht nur einen solchen geheimnisvollen Ort, hier findet man ihn an jeder Ecke bzw. in jeder Eckkneipe.

Friedhelm Wessel
Auf den Deckel

Damals, als es im Revier nach Kohle und Stahl roch, da gingen die Kumpel nach der harten Maloche gerne auf einen Staubspüler in die Kneipe an der Ecke. Die Gastronomie boomte, die Brauereien des Reviers meldeten jedes Jahr neue Rekordumsätze und erlebten ihre besten Zeiten.

In jenen Tagen war »Zum kühlen Grund« die Stammkneipe von Ewald Brinkmann und Hansi Forkmann. Sie lag zwischen einer Kolonie mit Kappesgärten, einer riesigen Kokerei und dem Pütt, auf dem »Brinki« und »Forki« Mitte der 1960er Jahre malochten. Und fast täglich führte ihr Weg nach getaner Arbeit und auch sonst mal eben so zwischendurch dorthin.

Zum Monatsletzten hin, wenn Ebbe im Portemonnaie herrschte, wurden die Besuche allerdings seltener. Denn bei Wirt Willi Kupschack gab es keine Deckel. Sein Leitspruch: »Bei mir, da krisse nix auf Krisse.« Und wenn ihn jemand darauf ansprach, warum er denn bei ihm nix auf Krisse bekomme, dann sagte er: »War so, is so, wird so sein – bis in alle Ewigkeit. Amen.«

Brinki und Forki ärgerte das. Da ließen sie seit Jahren einen Gutteil ihres Lohnes in ihrer Stammkneipe, und der Wirt vertraute ihnen so wenig, dass er ihnen keinen Kredit einräumen wollte. Tagelang grübelten sie darüber nach, wie sie es hinbekämen, bei Kupschack einen Deckel machen zu können.

Als Brinki eines Nachmittags die »Hörzu« durchblätterte, fiel ihm eine Werbung ins Auge: »Apollinaris – Aus dieser Quelle trinkt die Welt!« Diesen Spruch kannte er, in gewisser Abwandlung, von Willi Kupschack. Und plötzlich wusste er, wie das mit auf Krisse anzupacken war.

Der 30. April war ein Sonntag, die Tagesschau war vorüber, und im »Kühlen Grund« wurden Brinki und Forki mit »Wat wollt ihr denn hier?« begrüßt. Der Wirt wunderte sich scheinbar über den Besuch der beiden Freunde in ihrer eigentlich »klammen Zeit«, sagte weiter aber nichts. Die beiden setzten sich auf die Barhocker an der Theke und tranken ein paar Bierchen.

Auf den ersten Blick mögen sie etwas unscheinbar wirken – die Innereien der Eckkneipen des Ruhrgebiets. Aber wirkt Stonehenge nicht auch zunächst wie ein Haufen verlorener Steine – und ist letztlich ein Weltkulturerbe?!

Um 22 Uhr herum wurde es leerer in der Kneipe. All die, die am nächsten Morgen ab 6 Uhr an der Schüppe stehen mussten, verließen das Lokal, und um kurz vor 23 Uhr waren Brinki und Forki als Einzige übrig.

Kupschack wuselte schon seit einer geschlagenen halben Stunde hektisch hinter der Theke herum. Der Wirt wollte seinen Laden schließen, die letzten Gäste möglichst schnell loswerden. Brinki und Forki wussten genau, was jetzt kommen würde; sie hatten es oft genug erlebt:

Zuerst würde Kupschack mit einem traurigen Hundeblick sagen: »Scheiße, da is wat mitter Bierleitung. Ich geh ma nach unten anne Quelle, aus der die Welt trinken tut.« Dann würde er die hölzerne Klappe hinter dem Tresen anheben und sich nach unten verabschieden; eine Minute später würde die Klappe angehoben, und Kupschack würde mit einem jetzt schuldbewussten Hundeblick brummeln, dass es »anne Quelle en Infarkt« gegeben habe; er würde mit einem »Da tröppt kein Tröppken mehr« den Bierhahn drehen und sie als letzte Gäste bitten, auszutrinken, zu bezahlen und zu gehen.

Als sich hinter Kupschack die hölzerne Klappe schloss, sprintete Brinki mit einem Barhocker unter dem Arm los, stellte ihn auf die Klappe und setzte sich obendrauf. Kupschack, der im Bierkeller die Lage sofort erfasst hatte, hämmerte mit den Fäusten von unten gegen das Holz und rief: »Macht sofort die Klappe offen!« Nun tänzelte Forki hinter den Tresen und kredenzte genüsslich Pinnchen für Pinnchen mit den verschiedenen Schnaps- und Likörsorten, die in bunten Flaschen im Regal hinter dem Tresen standen.

Irgendwann kehrte unten Ruhe ein. Der Wirt hatte sich wohl mit seiner Lage abgefunden oder war eingeschlafen. Es war schon weit nach Mitternacht, kurz vor der »Polizeistunde«, da verließen die beiden Kumpel ihre Stammkneipe – recht angeheitert und ohne schlechtes Gewissen. Beide hatten sich für heute freigenommen. Das war ihnen der Spaß Wert gewesen. Bevor sie gingen, stellten sie natürlich den Barhocker an seinen angestammten Platz zurück.

Erst eine Woche später tauchten Ewald Brinkmann und Hansi Forkmann wieder im »Kühlen Grund« auf, wo sie ohne Murren ihren Deckel bezahlten, denn Brinki hatte auf ihren Deckel nicht nur penibel jedes Getränk notiert, sondern auch geschrieben: »Wir bezahlen in einer Woche.«

Kupschack grinste sie an und haute ihnen auf die Schultern, dass es nur so krachte, und die beiden konnten, wenn sie wollten, in ihrer Stammkneipe einen Deckel machen – ab sofort und bis in alle Ewigkeit. Amen.

»Wer nix wird, wird Wirt« – Quatsch! Dieser Spruch wird auch in der Weiterdichtung nicht besser: »Und wem selbst dat nich is gelungen, der macht dann in Versicherungen. Und wem auch dieset is zu schwer, der wird Gewerkschaftssekretär. Und wer auch dat nich einmal schnallt, der wird Rechtsanwalt!« – Wirtinnen und Wirte des Ruhrgebiet waren und sind Seelentröster, Beichtväter, Ratgeber und nicht zuletzt die besten Geschichtenerzähler der Welt. Allen Brüdern und Schwestern von Willi Kupschack sei deshalb hier gesagt: Ihr seid Ruhrgebiet!

Es gibt Wörter, die aussterben. Manchmal ist es schade drum, manchmal gut so. Dass das Wort »Malocher« ausstirbt, ist sehr gut so. Denn es wird missbraucht: Wenn eine weltweit zusammengekaufte Fußballmannschaft mit Ruhrgebietsstandort sich einen Sieg hart erkämpft hat, sprechen unbedarfte Kommentatoren von »Malochern«. Das tut weh. Doppelt weh, wenn sie »Ruhrpott-Malocher« sagen.

Hans Müller
Malocher

Mein Vater hat sich zeit seines Lebens als Malocher bezeichnet. Er schleppte Kisten und schob schwere »Behälter« – Vorgänger der heutigen Container. Die Herkunft des Wortes »Malocher« war mir lange Zeit ein Rätsel, hatte aber trotz des seltsamen Klangs für mich etwas Positives; es stand für eine Person, die hart und ehrlich arbeitete.

Mit elf Jahren sollte ich aufs Gymnasium; auch die Herkunft dieses Wortes war mir ein Rätsel, bei uns zu Hause hieß es »zur höheren Schule«. Klippe war die Aufnahmeprüfung: drei Tage Unterricht in Mathe und Deutsch, ein Diktat, ein Aufsatz und eine Rechenarbeit. 31 Jungen waren wir in unserer Gruppe, wurden von einem Lehrer begleitet. Studienrat Müller war älter als mein Vater und hatte einen »appen Arm«, wie wir im Ruhrgebiet zu sagen pflegen. Er trug einen grauen Anzug, sprach ohne ›dat‹ und ›wat‹.

Seine erste Amtshandlung war die Sichtung nach Alphabet. Jeder Prüfling musste sich – aber zackig! – erheben und Namen, Geburtsdatum, Adresse sowie – laut und deutlich! – den Beruf der Vaters nennen. Apotheker, Rechtsanwalt, Stadtverordneter, Bauunternehmer. »Und nun zu meinem Namensvetter.« Studienrat Müller grinste mich an. »Hans Müller, 12. April 1951, Brauerstraße 24, Bottrop. Malocher.«

Zu meinem großen Erstaunen habe ich die Aufnahmeprüfung bestanden. Studienrat Müller war neun Jahre lang mein Klassenlehrer – in guten und schlechten Zeiten; rätselhaft, warum ich mit manchmal fünf blauen Briefen und weit über hundert Fehlstunden niemals pappengeblieben bin.

Die Abiturfeier habe ich mir geschenkt. Ich hatte genug von der höheren Schule. Ich habe mich gemeinsam mit meinem Vater betrunken.

Studienrat Müller traf ich Jahre später in einem Kopierladen, er musste längst Pensionär sein. Er grinste mich an, gab mir die Hand und sagte: »Hans Müller, 4. Februar 1911, Devensstraße 43, Bottrop. Malocher.«

Rauchen verboten

Böhmer

Thomas Althoff erzählt von seinem ersten Schultag in den 50er Jahren. »Etwas mulmig war mir schon zumute.« – Keine Angst, der kleine Thomas hat diesen wichtigen Tag gut überstanden. Und der große Thomas hat ganz viel von dem kleinen Thomas, wohnt immer noch in Gelsenkirchen-Rotthausen, wo seine Geschichte spielt. Und wenn er sich so zurückerinnert, dann schießt er vor Freude Kusselkopp.

Thomas Althoff
Mein erster Schultag mit Fräulein Osterfeld

Am Montagmorgen ging ich mit vielen anderen Jungen und Mädchen die Stufen hinauf in die Hilgenboom-Schule. Ich ging an der Hand meiner Mutter, denn etwas mulmig war mir schon zumute.

Vor mir ging der Willi, auch er an der Hand seiner Mutter. Eigentlich hatten alle Jungen heute ihre Mutter an der Hand.

Die meisten Kinder kannte ich schon vom Spielen. Beruhigend war auch, dass der Willi und mein Vetter Klaus mit mir in die gleiche Klasse gehen sollten.

Als ich das Klassenzimmer betrat, bekam ich einen Riesenschreck. Am liebsten wäre ich sofort wieder gegangen. Die Frau neben dem Pult hatte ihre Haare zu einem Vogelnest gewickelt und trug ein schwarzes Kleid, um den Hals und an den Ärmeln kleine weiße Rüschen. Und sie war viel größer als unsere Mütter. Doch das Schlimme war, dass der Willi und ich ihr schon mal »Bohnenstange« nachgerufen hatten. Da wussten wir allerdings noch nicht, dass sie mal unsere Lehrerin werden würde. Hoffentlich hatte sie das schon wieder vergessen. Einen Stock hatte sie nicht in der Hand. Na, Gott sei Dank!

Das Klassenzimmer war düster und muffig. Hinten in der Ecke stand ein Kanonenofen, vor uns waren viele tintenverschmierte Tische aufgereiht. Die waren etwas geneigt und hatten oben an der Kante eine Rille für Griffel oder Federhalter, daneben das Tintenfass. Jeweils zwei Tische und zwei Bänke waren miteinander verbunden, immer für zwei Schüler.

Der Willi und ich setzten uns ganz schnell nebeneinander, das hatten wir uns schon vorher ausgemacht. Unsere Mütter mussten am Rand stehen bleiben, die Bänke waren viel zu klein für sie.

Plötzlich stieß mich der Willi an, kräuselte skeptisch die Nase und deutete mit dem Kopf auf die große Tafel. Daneben war ein Stock an die Wand gelehnt, der war sogar größer als ich. Ich musste tief durchatmen.

»Der Ernst des Lebens« beginnt. Große Erwartungen. So viele Fragen: Neben wem werde ich sitzen? Bekomme ist einen Lehrer oder eine Lehrerin? Jung oder alt? Streng oder nicht streng? Wie viele sind wir in unserer Klasse? Was ist in meiner Schultüte?

Dann sah uns Fräulein Osterfeld ernst und würdevoll an. »Nun, Kinder, ab heute bin ich also eure Lehrerin. Und ihr könnt bei mir so viel lernen. Das wollt ihr doch hoffentlich alle?«

Wir nickten.

»Das geht natürlich nur, wenn ihr jederzeit schön artig und fleißig und fromm seid.«

Bei »artig« und »fleißig« und »fromm« hob sie ihren Kopf. Wie der Hahn beim Bauer Bopp, wenn er »Kikeriki« machte.

»Und später, da wird dann so manch einer bei sich denken: Da, guckt euch doch mal den schlauen Karl oder den schlauen Hans oder den schlauen Peter an. Der hat bei dem Fräulein Osterfeld aber immer ganz fein aufgepasst. Der war immer artig und fleißig. Darum kann der also jetzt so gut schreiben und rechnen. Ja, das werden die dann denken.« Und beim »ja« nickte das Fräulein Osterfeld wieder entschieden mit dem Kopf. Wie schön unser Fräulein Osterfeld doch reden konnte. Wie die Sprecher im Kinderfunk.

Der Willi stieß mich an und flüsterte mir etwas zu. Ich hatte ihn nicht verstanden und zuckte mit den Schultern. Dass der Willi sich traute, hier zu quatschen. In der Schule!

Er stieß mich wieder an. »Die hat ein Haar am Mund.«

Zuerst verstand ich gar nicht, was er meinte. Doch schließlich entdeckte ich das Haar auch, jetzt, wo die Lehrerin vor dem Fenster stand. Ganz schwach nur, aber immerhin, das Haar war da. Es wippte an ihren Lippen wie bei einem Kater.

Und Fräulein Osterfeld fuhr fort, auch die vielen Heiligen, die so segensreich für uns Menschen auf der Erde gewaltet hätten, würden liebe Begleiter in unserer Schulzeit sein. »Und wer ganz besonders artig oder fleißig oder fromm ist, für den, nun für den habe ich dann eine ganz besondere Überraschung.« Sie machte eine Pause und sah uns Kinder der Reihe nach verschwörerisch an. »Wer von euch ganz besonders lieb und fleißig war, ja, der erhält die ganz wunderschönen bunten Bildchen mit all den lieben Heiligen darauf.« Jetzt lächelte Fräulein Osterfeld sogar.

Lieb und fleißig, das wollte ich natürlich auch sein.

Auf einmal zog das Fräulein Osterfeld ihre Augenbrauen hoch und schaute ganz traurig. »Wenn ihr aber faul und unartig seid, dann, ja dann …!«

Das Haar an ihrer Lippe wippte viel schneller als vorhin.

»Euch brauche ich ja nun wirklich nicht zu erzählen, was mit diesen beiden bösen Buben geschehen ist, ihr wisst schon, mit diesem … diesem Max und diesem Moritz!« Fräulein Osterfeld wandte sich an unsere Mütter. »Solche Taugenichtse sind einem ja wohl zur Genüge bekannt.«

Hic, haec, hoc.
Der Lehrer hat en Stock.
Is, ea, id.
Was machter denn damit?

Sum, fui, esse.
Er haut uns in die Fresse.
Ille, illa, illud.
Dat dir die Omme blut'.

Ein zustimmendes Gemurmel ging durch die Reihen der Mütter. Und auch ich nickte überzeugt und sah auf das Haar an ihrer Lippe.

»Nun, Kinder, dann verratet mir doch mal, welche Gebete ihr schon von euren lieben Eltern gelernt habt.« Fräulein Osterfeld sah in die Runde. »Ja, das Vaterunser, sehr schön; Gegrüßet seist du, Maria, richtig.«

Das Fräulein Osterfeld freute sich.

»Und was haben denn dir deine Eltern als Tischgebet beigebracht?«

Fräulein Osterfeld meinte plötzlich mich.

»Komm, Herr Jesus, sei unser Gast, und segne, was du uns bescheret hast.«

Nun lächelte das Fräulein Osterfeld entzückt. »Ganz, ganz schön. Nun, wie heißt du denn?«

»Thomas.«

»Schön, Thomas, und was, meinst du, könnten wir denn von nun an jeden Morgen in gemeinsamer Runde beten?«

»Komm, Herr Jesus, sei unser Gast und segne, was du uns bescheret hast.«

Die Mütter fingen an zu lachen. Das Fräulein Osterfeld aber spitzte den Mund. »Ojemine, Thomas! Das dürfte wohl kaum das rechte Morgengebet sein.«

Dann blickte sie die Mütter an und versuchte wieder zu lächeln.

*

Ein schönes Lied lernten wir wenig später auch noch.

Fräulein Osterfeld sang immer zwei Zeilen vor, und wir sangen sie nach. Sie murmelte jedes Mal »Gut, gut« oder machte »Ojemine!«, doch schließlich konnten wir alle im Chor singen:

»Oh, wie herrlich, oh wie schön
ist es, in die Schul' zu geh'n.
Frisch gewaschen und gekämmt
Hals, Gesicht und auch die Händ'.
Und ein reines Taschentüchelein,
das darf nicht vergessen sein.«

Ja, das war richtig lustig, das Lied. Nur, ein reines Taschentüchelein hatte ich noch nie besessen.

Das Fräulein Osterfeld hob dann ihre beiden Zeigefinger in die Höhe, wie bei unserem Spiel »Alle Vögel fliegen hoch«. »Vor dem Beten wollen wir uns doch auch jeden Morgen herzlich begrüßen. Was meint ihr dazu?«

Unsere Mütter nickten eifrig und sahen uns aufmunternd an.

Wir sagten vorsichtshalber nichts.

Wer nämlich mit h schreibt, is dämlich.
Dat »t« in »dat« kann einsam bleiben,
auch »dieset«, »welchet« kannste schreiben.

Fräulein Osterfeld erklärte uns dann, wie das ging mit dem Begrüßen. Das war eigentlich ganz einfach. Sie ging aus dem Klassenzimmer, und sobald sie wieder zur Tür hereinkam, sprangen wir blitzschnell von unseren Bänken auf und riefen: »Guten Morgen, Fräulein.« Fräulein Osterfeld nickte uns zu und rief: »Guten Morgen, Kinder«, und wir durften uns wieder setzen.

Da hatte sie aber schon wieder ihre Stirn in Falten gelegt. »Oje, Kinder, das will aber noch fleißig erlernt werden.«

Auch das »Hände im Nest« mussten wir natürlich emsig üben. Das war nun mal ganz besonders wichtig. Damit wir auch genau mitbekamen, was uns das Fräulein Osterfeld so alles erklärte. Da konnte man nicht einfach so vor sich hin schwätzen, da wurde auf Ruhe und Ordnung schon allergrößter Wert gelegt.

Zum Schluss konnte die ganze Klasse schon einstimmig und im Chor »Guten Morgen, Fräulein« rufen. Und Fräulein Osterfeld brauchte nur mal eben »Hände im Nest« zu murmeln, da hatte die ganze Klasse schon die Arme über der Brust verschränkt und war mucksmäuschenstill. Dabei traute man sich natürlich kaum zu atmen. Selbst unsere Mütter hörte man nicht mehr. Das »Hände im Nest« machte richtig Spaß, und auch das Fräulein Osterfeld freute sich.

Damit war mein erster Schultag beim Fräulein Osterfeld vorbei. Und ich fand Schule eigentlich ganz in Ordnung.

Außer dem ersten Schultag gibt es noch jede Menge weitere Anlässe, um in der Familie mit den Kindern zu feiern – und dabei natürlich die schicksten Klamotten anzuziehen. Kommunion, Firmung; für die »Evangelen« die Konfirmation. Leider fast vergessen: Namenstag.

Wohin auch immer wir Ruhrgebietler in Urlaub fahren: Wir sind überall gern gesehen und hinterlassen meist einen bleibenden Eindruck; und es finden auch an den entlegensten Orten mindestens zwei von unserer Sorte zueinander. Das alles bestätigt die Geschichte von Peter Allekotte, Jahrgang 1962, aus einer alten Gladbecker Bergmannsfamilie stammend, selbst Bergmann gewesen und sein Leben lang Camping-Freund.

Peter Allekotte
Camping und mehr

Seit ich zurückdenken kann, machen wir Camping. Herrlich! Zuerst mit dem Zelt, später dann mit einem kleinen Wohnwagen. Mit dem fuhr meine Familie, dazu gehörten auch die Großeltern, einmal im Jahr in den Urlaub. Zunächst ging es mit dem »Kleinen« nach Italien, Spanien, Norwegen und Schweden. Diese Urlaubsreisen wurden strikt eingehalten. Also wenn jemand in Europa herumgekommen ist, dann waren es meine Familie und ich. Diese Phase dauerte genau bis Mitte der 1970er Jahre.

1975 erwarben mein Vater und Opa zusammen einen größeren »Luxuswagen«, denn der »Kleine« war in die Jahre gekommen und wurde daher verscherbelt. Da der Kauf des Neuen ein großes Loch in die Familienkasse riss, musste nun notgedrungen wenigstens für eine Zeit lang auf die beliebten Fernreisen verzichtet werden. Wohin nun?

Da kam uns der Zufall zu Hilfe: Ein Freund meines Großvaters schwärmte nämlich in höchsten Tönen von einem Campingplatz an der Ems. Sofort horchte meine Familie auf, denn von Gladbeck, unserem damaligen Wohnort, bis nach Lingen waren es nur 140 Kilometer. Trotzdem eine »Himmelfahrt«, denn die A 31 – den sogenannten »Ostfriesenspieß« – gab es damals ja noch nicht. Wir reisten daher über die B 70 an. Eine Strecke, die nie enden wollte. Hinzu kam, dass der alte Diesel meines Vaters mit seinen nur 60 PS beim Ziehen des Wohnwagens an seine Grenzen kam. Und im Auto saßen ja schließlich fünf Personen – meine Eltern, die Großeltern und ich als Heranwachsender.

Letztlich doch in Lingen angekommen, bauten wir unseren Wohnwagen auf der zugewiesenen Parzelle, die in einer »Sackgasse« auf dem Campingplatz lag, auf. Wir wurden hier sehr freundlich aufgenommen, und ich fand sofort zwei nette Kumpels. Sie stammten, wie sich bald herausstellte, aus Gelsenkirchen und Bottrop. Es wurden wunderbare Ferien.

Die Sprache des Ruhrgebiets ist auch dafür berühmt, dass sie bei wichtigen Sachverhalten, die andere Dialekte einfach so gleichsetzen, die kleinen, aber feinen Unterschiede herausstellt: Mit dem Verein, den Messdienern, der Jugendgruppe, wie auf dem Foto oben, fährt man zum »Zelten«; Wenn Mama, Papa, Oma und Opa dabei sind, geht es zum »Camping«.

Während unseres ersten Camping-Urlaubes dort kam Jörg, der Bottroper, auf die Idee, die Ems mit einem Boot zu befahren. So transportierten er, der Besitzer des Dreier-Faltbootes, der Gelsenkirchener Detlef und ich das Gefährt zum etwa 400 Meter entfernten Fluss. Eine Aufgabe, die im Sommer 1976 uns 14-Jährigen schon viel abverlangte.

Schnell war das Boot zu Wasser gelassen, dann ging es mit der Strömung abwärts in Richtung Lingen. Nach gut fünf Kilometern legten wir an einer Brücke an und stellten fest, dort in unmittelbarer Nähe gab es eine Kaserne. Der Wachsoldat am Eingang staunte nicht schlecht, als unser gutgelauntes Paddeltrio plötzlich vor ihm stand. Er blieb jedoch freundlich und beantwortete geduldig unsere Fragen.

Irgendwann war es Zeit, wieder die Heimfahrt anzutreten. Was wir aber nicht bedacht hatten: Nun mussten wir gegen die Strömung paddeln. Das brachte uns an die Grenze unserer damaligen Leistungsfähigkeit, aber wir schafften es. Völlig erschöpft erreichten wir den Ausgangspunkt, ließen aber den Dreier an der Uferböschung zurück. Das Boot zurückzutragen, dazu fehlten uns einfach die Kräfte. Diese Aufgabe übernahmen unsere Eltern, die bereits lange auf uns gewartet hatten.

Nach der Abenteuerfahrt auf der Ems waren wir durch das Spritzwasser völlig durchnässt. Wortlos ging es zurück zum Campingplatz, und einer meiner beiden Kumpels, ich glaube, es war Jörg, bekam von seiner sehr besorgten Mutter erst einmal eine schallende Ohrfeige.

Auch ich wurde von meinen Eltern und Großeltern schon sehnlichst erwartet. »Hoffentlich bekommt der Junge keine Lungenentzündung«, rief meine Großmutter mehrfach und machte sich daran, mir die nassen Klamotten auszuziehen. Nein, wie peinlich! Doch Oma ließ sich nicht von ihrem Vorhaben abbringen, besorgte warmes Wasser und einen Waschlappen. Ich wusch mich also nackt vor der gesamten Familie.

So gut wie in der folgenden Nacht habe ich danach nur noch selten geschlafen, und unsere Bootstour auf der Ems war, für uns drei eigentlich unverständlich, noch tagelang das Gesprächsthema Nummer eins auf dem Lingener Campingplatz.

GEWERKSCHAFTS-JUGEND
DGB

Lothar Lange wuchs in den Fünfzigern in Gelsenkirchen-Erle im Schatten der Zeche Bismarck auf, einen langen Fußweg entfernt vom Freibad Grimberg. 1928 eröffnet, war es bis zu seiner Schließung im Jahre 1983 der »Abenteuerspielplatz« für alle Kinder aus der Umgebung. Die Kommentare im Internet-Portal »Gelsenkirchener Geschichten«, das Lothar Lange mitbegründet hat, beweisen: Grimberg hat Spuren hinterlassen.

Lothar Lange
Freibad Grimberg

Der mühsame Fußweg von Erle zum Freibad Grimberg führte zuerst über die Cranger Straße zum Erler Forsthaus. Von hier aus immer an den Gleisen der Graf-Bismarck-Zechenbahn entlang und später noch ein Stück durch Getreidefelder. Links der Felder kam man an einer Barackensiedlung für Obdachlose vorbei, die wir »Mau-Mau« nannten. Hier hatten wir immer Schiss, denn es gab Geschichten darüber, dass die Mau-Mau-Bewohner gern die hier Vorbeigehenden überfielen, verkloppten und beklauten, und so rannten wir auf diesem Stück, bis wir dann endlich vor Bammel und Hitze nassgeschwitzt die Emscherbrücke erreichten. Ab hier vermischte sich der Emschergestank mit dem Duft von Chlor und Sonnencreme: Grimberg – wir kommen!

Vor dem Freibad-Eingang befand sich links eine Trinkhalle, die immer dicht umlagert war, daneben rechts ein großes Eisentor, über dem ein weißgrundiges Schild mit der blauen Aufschrift »Freibad Grimberg« hing. Gleich rechts daneben ein Gebäude mit kleinen Schalterfensterchen, vor denen immer lange Schlangen von Menschen anstanden. Wenn wir dann endlich 30 Pfennige bezahlt hatten, durften wir in unser Ferienparadies, und sofort strömte uns der schon vorher wahrgenommene Freibadgeruch noch viel stärker entgegen.

Was ein erstmaliger Besucher sicher nicht vermuten würde: Nach dem Eintreten befand man sich wirklich »oberhalb« des Freibades. Ging man nur wenige Schritte nach vorn, stand man vor einer hüfthohen Hecke, die die gesamte, wirklich riesige in einem tiefen Tal liegende Freibadanlage umschloss. In diesem gigantischen, rechteckig angelegten »Tal« da unten befanden sich die hellblau strahlenden Wasserbecken:

Links das tiefblaue Springerbecken mit einem Zehnmeterturm. Direkt daneben das Schwimmerbecken, verbunden durch eine breite, begehbare Mauer mit Startblöcken obenauf und offenen Fenstern unter Wasser, durch die man von einem zum anderen Becken tauchen konnte. Hier war das Wasser

immer ordentlich kälter als in allen übrigen Becken des Freibades. Rechts davon, durch einen wallartigen Wiesen- und Wegstreifen getrennt, befand sich das »allgemeine« Becken, das von Schwimmern und Nichtschwimmern am häufigsten aufgesucht wurde. Die Wassertiefe fiel von Kniehöhe bis zu 1,80 Meter ab. Ein dickes Seil trennte den Nichtschwimmerbereich vom tieferen Schwimmerteil.

Die Becken waren von einem umlaufenden wassergefüllten Fußbecken mit Brausen umgeben, und es war ein beliebter Jux, zu zweit nebeneinander durch das umlaufende schmuddelige Fußbecken zu marschieren, bis sich eine schöne, immer höher anwachsende Welle aufschob, die dann zu beiden Seiten rollend überschwappte, auch ins Schwimmbecken selbst. Durch einen schrillen Trillerpfeifton des Bademeisters wurde dieser Spaß dann meist jäh beendet. Doofer Spielverderber!

Ging man über einen weiteren Wall nach rechts, befand man sich auf einer sehr große Liegewiese mit zwei nebeneinanderliegenden Nichtschwimmerbecken, die durch eine niedrige Mauer voneinander getrennt waren: »Pissbecken« genannt. In jedes dieser Becken führte eine kleine bunte Metallrutschbahn. Während das Wasser im Schwimmer-/Springer- und im allgemeinen Becken strahlend blau schimmerte, enthielt das »Pissbecken« eine warme, dreckiggrüne Brühe. Von der einen Schluck in den Mund zu bekommen, war eine ekelhafte Vorstellung.

Noch weiter rechts erstreckte sich eine große ansteigende Wiesenfläche, die am obersten Punkt über drei Treppenstufen auf die Spielplatzwiese führte, die, wie alles hier, ebenfalls richtig große Ausmaße hatte und ringsum von einem Wäldchen umgeben war, in dem sich viele ein schattiges oder die Liebespärchen ein lauschiges Plätzchen suchten.

In dem Wäldchen zur Rechten, also zur Straßenseite hin, lagerten einige Jahre lang »Zigeuner« in richtigen Holzwohnwagen, wie man sie von alten Zirkusbildern her kennt. Sie waren über das gesamte Wäldchen verteilt. Viele »Zigurras«, wie wir sie nannten, waren auch im Freibad zu sehen, zahlten

aber keinen Eintritt: Sie hatten sich, für jeden sichtbar, einen eigenen »Eingang« in den Zaun geschnitten. Krach wollte keiner »mit denen« haben. Also wurde es wohl geduldet. Nur hieß es immer, dass man in deren Nähe auf seine Klamotten besonders aufpassen sollte.

Es lohnte sich aber, noch ein kleines Stück weiterzugehen, denn: Hatte man auch diesen Spielwiesenteil durchquert, öffnete sich vor einem die tolle heiße »Sandwüste«, eine riesengroße, nur aus feinem, hellem Sand bestehende Freifläche. Man musste schon gut Schmerzen aushalten können oder eine dicke Hornhaut unter den Fußsohlen haben, wenn man bei heißem Sommerwetter die Sandwüste barfuß durchqueren wollte. Wir machten uns gern den Jux, uns zuerst im Pissbecken nass zu machen, schnell zur Sandwüste zu rennen, um uns dann in dem heißen Sand zu suhlen. So herrlich paniert, rannten wir dann mit Gejohle wieder zum Pissbecken, um uns hier vom Sand zu befreien. Diese Unsitte trug sicherlich dazu bei, dass das Pissbeckenwasser nie eine Chance hatte, mal richtig sauber zu werden.

Oberhalb zwischen dem allgemeinen und dem Pissbecken befand sich eine schöne breite Terrasse mit Tischen und Stühlen und einem Mast mit einer großen Uhr obenauf, die weithin sichtbar war. Der zurückliegende Kiosk wurde ohne Unterbrechung von Massen belagert, weil es hier für den, der Geld hatte, alles gab: Würstchen, Eis, Pommes, Getränke, Sonnenöl, Kämme, Wasserspielzeug, Zeitschriften …

Rechts vom Kiosk war separat eine überdachte Kuchentheke aufgebaut. Wir hatten spitzbekommen, dass man hier nach 18 Uhr nach Kuchenkrümeln fragen konnte. Für 20 Pfennige bekamen wir dann eine Gebäcktüte voll mit leckeren, sattmachenden Streuselkrümeln, und manchmal war sogar ein ganzes Hefeteilchen mit dabei, das zerbrochen oder etwas verdötscht war und deshalb nicht mehr verkauft werden konnte. In jedem Fall war der Inhalt der Gebäcktüte leckerer als die mitgebrachten Kniffften, bei denen die Rama stiften ging und sich die Wurstscheiben von der Wärme dröge verbogen.

Freibad Grimberg war bei schönstem Sommerwetter jeden Tag proppenvoll. Die Decken lagen dann wirklich »dicht an dicht«. Prima war es, wenn in der Nachbarschaft jemand lag, der ein Kofferradio oder sogar einen dieser neuen tragbaren Plattenspieler dabei hatte, bei denen man die Schallplatte in einen seitlichen Schlitz einschieben konnte. Dann hörten wir die neuesten Schlager und hatten Spaß. Manche brachten auch Gitarren mit und unterhielten sich und alle umliegenden Leute mit fetziger Musik.

Jeden Tag ins Freibad zu wollen, kostete für einen Jungen wie mich viel Geld. Ich nutzte daher oft die Möglichkeit, mir im Freibad Grimberg Freikarten zu verdienen. Das ging so: Man meldete sich am frühen Nachmittag bei einem der Bademeister und fragte, ob man abends Müll aufsammeln und Papierkörbe leeren dürfe. Das Freibad schloss um 19 Uhr. Jeder Papiersammler bekam einen Bereich zugeteilt, der picobello sauber und frei von Müll sein musste. Das wurde von den Bademeistern geprüft. Waren die dann zufrieden, erhielt man seine Freikarte. Der Nachteil allerdings war, dass man nun den langen Weg nach Erle zu Fuß und alleine machen musste, weil die anderen ja alle schon weg waren. Egal. Dafür hatte man aber den nächsten Besuch im Freibad Grimberg umsonst.

Und dat war et doch wert, oder?

»Der Turm« – Mythos des Freibades. Gegenstück zum »Pissbecken«.

Der 1. Januar 2020. Ein historisches Datum. Das Ruhrgebiet wird zum selbstständigen Bundesland. Eine Woche lang feiern fünf Millionen. In den Straßen und auf den Autobahnen. Unsere Landeshauptstadt wird jedes Jahr neu bestimmt. Per Los. 2020 ist es Datteln. Unser Ministerpräsident wird direkt vom Volk gewählt. Der erste ist Hape Kerkeling. Und wir haben eine offizielle dreistrophige Hymne.

Werner von Welheim
Bundesland, oh Ruhrgebiet

Bundesland, oh Ruhrgebiet,
Hier komm ich her, ich hab dich lieb,
Wo Schlote mächtig rauchen,
Wo Enten lustig tauchen,
Wo Schlacke mächtig dampfen tut,
Da isset schön, da isset gut.

Ich liebe Castrop, Herne, Hamm,
Und Hamborn hat's mir angetan,
Ich träum von Wetter anner Ruhr,
An Wattenscheid, da denk ich nur.
Bundesland, oh Ruhrgebiet,
Hier komm ich her, ich hab dich lieb.

Und weile ich mal in der Ferne,
Dann komm zurück ich immer gerne,
Wo fließt die Emscher, der Kanal,
Wo wohnt der Ernst, der Fritz, der Karl.
Dort komm ich her, ich hab dich lieb,
Bundesland, oh Ruhrgebiet.

Unser Freiheitskampf! Er begann mit: »Wir fordern Entwicklungshilfe!« Wurde zu: »Wir wollen Bundesland!« 2020 ist es vollbracht: die Düsseldorfer, Arnsberger und münsterschen Fesseln wurden gesprengt. In Zukunft wird es heißen: »Bundesland, oh Ruhrgebiet!« #bor

Eigentlich haben wir die Olympischen Spiele längst verdient. Eine Bewerbungsidee für 1996 kam nicht allzu weit über einen Arbeitskreis hinaus; 2012 war »Düsseldorf für das Rhein-Ruhr-Gebiet« angesagt, was natürlich scheitern musste. Für das Jahr 2032 wird »Rhein-Ruhr-Olympic-City« angedacht, wobei bemängelt wird, dass wir kein Olympiastadion besitzen. Brauchen wir nicht: Bei uns geht Olympia überall.

Friedhelm Wessel
Olympischer Dreikampf obere Goethestraße

22. November bis 8. Dezember 1956: Im fernen Australien, in Melbourne, kämpften Sportler aus aller Welt um Medaillen, und das olympische Fieber setzte bis nach Herne über: in Tageszeitungen, im Radio und ab und zu mit bewegten Bildern im Fernsehen oder in der Wochenschau im Kino.
Am 1. Dezember startete unser Held Emil Zátopek im Marathonlauf. Ein Drama, eine Tragödie. Bei 30 Grad Hitze begannen sich auf dem glühend heißen Asphalt ab der Mitte des Rennens bei ihm die Schuhsohlen aufzulösen. Die »tschechische Lokomotive« schleppte sich mit blutenden Füßen ins Ziel und wurde Sechster.

Das packte uns, und so beschlossen wir, am Dienstag, dem 4. Dezember, nach Schulschluss unsere eigenen Spiele stattfinden zu lassen. Bei schneefreien 5 Grad; ab und an kam sogar die Sonne durch. Unser Olympiastadion: Das waren unsere Straße, der Hof und unsere geliebte Pferdewiese mit dem angrenzenden offenen, in einer Betonwanne liegenden Ostbach.

Das Olympische Komitee hatte am 3. Dezember getagt, und es hatte einstimmig beschlossen, dass es für die Athleten aus der oberen Goethestraße drei Einzelwettbewerbe geben sollte. So konnte Fußball, obwohl von allen sehr geschätzt, nicht ins Programm aufgenommen werden. Nach nur kurzer Diskussion wurden die Disziplinen für den »Olympischen Dreikampf obere Goethestraße« festgelegt: Steinstoßen, Sprung aus dem Stand und eine ganz besondere Art von Hindernislauf.

Zum Steinstoßen ging es auf die Pferdewiese. Georg hatte zuvor von Kusemanns Hof, auf dem immer auch diverse Baustoffe gelagert wurden, einen Ziegelstein besorgt. Mit einigen Zweigen wurden das Steinstoß-Areal und eine Linie markiert, die beim Wurf nicht überschritten werden durfte. Fünf Athleten gingen an den Start. Georg, der das Wettkampfgerät besorgt hatte und aufgrund seiner Zierlichkeit als Steinstoßer nicht infrage kam, fiel die

Aufgabe zu, den jeweiligen Wurf zu vermessen. Er löste sie hervorragend, setzte penibel genau Fuß vor Fuß, und nahm, wenn der Fußabstand nicht exakt genug war, auch schon mal zwei oder drei Finger als Maßeinheit hinzu. Werner, ein Jahr älter als alle anderen und äußerst kräftig gebaut, hatte schließlich die Nase mit einem Fuß vorn und verwies Helmut auf den undankbaren zweiten Platz. Udo wurde schon recht weit abgeschlagen Dritter.

Nun ging es auf unseren Hof, wo wir unter dem kritischen Blick einiger Eltern zum Sprungwettbewerb antraten. Wir nannten, weil die Olympischen Spiele ja gerade in Australien stattfanden, diese Disziplin »Känguru«. Helmut, der beste Sportler unter uns und später mehrmaliger Stadtmeister in etlichen leichtathletischen Disziplinen, konnte mit einer Superweite überzeugen. Werner überrasche und belegte trotz seiner Körperfülle den zweiten Platz. Udo wurde erneut Dritter.

Noch war der Dreikampf nicht entschieden. Der abschließende Hindernislauf, der mit einigen Gemeinheiten gespickt war, musste die Entscheidung bringen. Als Route hatten unser Komitee einen schwierigen Rundkurs erarbeitet: Startpunkt war die obere Goethestraße, dann ging es durch das »Ströttken«, einen äußerst engen Verbindungsweg zwischen Goethe- und Schillerstraße, weiter bis zur Pferdewiese, entlang des Ostbaches bis zur Mont-Cenis-Straße (mit Überwindung der Absperrungen!) und zurück zur oberen Goethestraße. Reinhold, ein recht guter Läufer, der damals schon eine Uhr besaß, sie aber niemandem überlassen wollte, wurde Zeitnehmer.

In Abständen von fünf Minuten wurden die Läufer auf die Runde geschickt. Helmut legte, trotz der schwierigen Überquerung des Ostbaches, eine Superzeit hin, schlug Georg um fast eine halbe Minute. Medaillenanwärter Werner spielte leider keine Rolle mehr, ja, er tauchte nach seinem Rennen überhaupt nicht mehr auf und blieb auch der Schlussveranstaltung fern, weil er, wie sich später herausstelle, bei der Bachüberquerung unsanft im harten Betonbett gelandet und daraufhin umgehend nach Hause gehumpelt war.

Olympiasieger wurde Helmut, Georg wurde Zweiter und Udo Dritter. Als Gold- und Silbermedaille gab es je eine Flasche Waldmeisterlimonade und je eine Anstecknadel von Maggi, die Georgs Mutter dem Olympischen Komitee großzügig überlassen hatte; der Bronze-Platz wurde nur mit der Anstecknadel belohnt. Reinhold, dem Zeitnehmer, wurde ausgewählt, die drei Nadeln und die beiden Flaschen Waldmeisterlimonade zu überreichen. Die Siegerehrung wurde natürlich auf der steinernen Eingangstreppe zum Haus Goethestraße abgehalten, wo Georgs Mutter, unserer Sponsorin, wohnte.

Tja, es gibt natürlich noch andere Spiele als den Olympischen Dreikampf obere Goethestraße. Spiele mit Mädchen.

Herbst 1947. Der Krieg ist vorbei, aber die Lage wahrlich noch nicht rosig. Helmut Spiegels Mutter meint, dass es endlich an der Zeit sei, wieder einmal die Familie zusammenzutrommeln. »Da hat man sich doch bestimmt viel zu erzählen.« Am Abend des Festes ist die kleine Wohnung der Spiegels proppenvoll. Es gibt Holunderbeer- und Wurzelwein Marke Eigenbrau, und bald schlagen die Stimmungswogen turmhoch.

Helmut Spiegel
Und alles, was aus Essen kommt, dat süpt, dat süpt

»Fritz, hol die Klampfe rauf!« Mein Vater geht in unsere Wohnung hinunter und holt seine geliebte Thüringer Waldzither vom Kleiderschrank. Sie ähnelt einer großen Mandoline. Nur der Bauch ist flacher. Die Waldzither hat vier Doppelsaiten und eine Basssaite.

»Los, Fritz, mach mal einen!« – »Ja, Fritz, lass mal einen gehn!«

»Moment, erst stimmen. Hat zu lange gelegen.« Pling, pling, pling. Pläng, pläng, pläng. Plong, plong, plong. Das kenne ich schon.

»Los, Fritz, zuerst das Lied vom Floh!«

Mein Vater nimmt seine Klampfe in den Arm und beginnt zu spielen und zu singen. Den Refrain müssen alle mitsingen.

»Fängt der holde Frühling an,
fangen alle Weiber mit dem Flohfangen an.
Fängt der holde Frühling an,
fangen alle Weiber mit dem Flohfangen an.
Zingezange, zingezange, trallala, tirallala, tirallala.
Floh, ach Floh, du armer Floh,
hast sechs Beine und du hopst noch so.
Macht der Floh den ersten Stich,
leckt man sich am Finger, und dann kratzt man sich.
Zingezange, zingezange, trallala …«

Wie mein wortkarger Vater sich verändert, wenn er seine Waldzither im Arm hat. Dann werden seine Gesichtszüge ganz gelöst, und seine Finger, krumm und schwer vom Feilen, huschen flink über die Saiten.

»Wird's dem Floh im Hemd zu kalt,
macht er einen Sprung in den Böhmerwald.
Zingezange, zingezange, trallala …«

Warum die Frauen bei dieser Strophe eigentlich immer so kreischen?

Feiern gehört für Ruhrgebietler zum Leben wie der Duft der Emscher. Zum Feiern gibt es tausend Anlässe, und ist keiner vorhanden, wird eben einer erfunden. Gefeiert wird bei uns von frühster Kindheit bis ins späteste Alter – von Döppkens Schützenfest bis zu Ommas 90. Geburtstag.

»Wird der Floh beim Stich ertappt,
wird er gleich gepfriemelt und kaputtgemacht.
Zingezange, zingezange, trallala …«

Nach einiger Zeit heißt es dann: »Los, Fritz, jetzt die Spanianola!« – »Ach ja, die Spanianola.«

Das Lied ist zu vorgerückter Stunde immer ein Lacherfolg. Mein Vater hat es als junger Mann von »Onkel Heinrich« mitgebracht. So hieß ein legendärer Wirt in der Altstadt, der mit seinen Kellnern Gesangseinlagen gab und nur Gäste duldete, auf deren Kosten er auch mal einen Scherz machen konnte. Die anderen ekelte er raus. Vor allem die Pärchen, die sich nur bei einem Glas Bier aufwärmen wollten. »Na, war es euch im Berner Wäldchen zu kalt?« So originell wie der Wirt muss auch die Kneipe gewesen sein. Wie mein Vater erzählte, hing ein dicker Knüppel an der Wand, darunter ein Schild »Die Hausordnung«. Und der übliche Hinweis »Toiletten« war ersetzt durch »Zur Tropfsteinhöhle«.

Die Spanianola also.

»Die reizende Spanianola,
die wollt ich poussieren amola.
Sie hieß Amanda Morteko
und wohnte in Bergeborbecko.
Ihr Vater, ein Polikarino,
der traf uns neulich im Kino.
Er kam mit Gummiknüppello,
verbläute mir Buckel und Fello.
Drauf ging ich ins Trocadero.
Da latschte sie hinter mir hero,
aß Pflaumentorte zu vielo,
musste laufen zum Aborto-Latrino.
Vorbei war die Liebe ganz schnello.
Im Bauch hat sie Granato-Schrapnello.
Die reizende Spanianola.
Sie war eine Stinkadora.«

Mein Vater nimmt den Beifall der Korona entgegen. Meine Mutter streicht ihm liebevoll über die Glatze. »Mein Friedrich, was!«

»Änne, jetzt bist du an der Reihe!« Meine Mutter weiß schon Bescheid. Sie steigt auf einen Küchenstuhl, um ihr Couplet vorzutragen. Sie lupft mit einer Hand den Rocksaum über das Knie und nickt meinem Vater zu, der sie auf der Waldzither begleiten wird. Meine Mutter singt »Als ich noch im Flügelkleide zu der Töchterschule ging«.

Kein langes Drumherumreden: Zum Feiern gehört bei uns Alkohol. Wir sind von Natur aus lustig, aber nach einigen Bierkes, Weinkes oder Pinnekes Schnaps sind wir noch lustiger – egal wo wir sie gerade verkasematuckeln.

Es kommt auf den Refrain an, in dem es immer anzüglich heißt: »Küssen kann ich schon, fürwahr, und bin doch erst siebzehn Jahr.« Bei dem Wort siebzehn lispelt meine Mutter kokett.

»Helmut, für dich wird's Zeit!« – »Ach, Mutti!«

Es hilft nichts. Ich kann nur erreichen, dass ich heute Nacht bei Tante Minchen im kleinen Zimmer schlafen darf. Auf der Couch – Tante Minchen und Onkel Willy haben keine Kinder, aber eine Couch im Kinderzimmer – wird mir ein Bett gerichtet.

»Lässt du bitte die Tür etwas offen!« Meine Mutter lässt die Tür einen Spalt offen stehen, die Tür zur Wohnküche jedoch schließt sie.

Schwach dringen die Stimmen zu mir herüber. Jetzt singen sie gleich die Lieder, die Hans Mersch auf seiner alten Schreibmaschine abgetippt hat. Eines singen sie auf der Melodie von »Nun ade, du mein lieb Heimatland«. In einer der Strophen kann ich die Worte verstehen »Die Minchen liegt verkehrt im Kahn. Der Willy hat's ihr angetan. Und ruhig fließt der Rhein«. Wieso müssen die Frauen denn wieder so quieken?

Nach einiger Zeit kommt meine Mutter auf Zehenspitzen an die Zimmertür. Sie öffnet sie ein bisschen weiter und flüstert: »Helmut, schläfst du?« Ich tue keinen Mucks. Obwohl sie glaubt, dass ich schlafe, lässt sie die Zimmertür den kleinen Spalt offen stehen, wie sie es mir versprochen hat. Als sie in die Wohnküche zurückgeht, höre ich sie sagen: »Der schläft immer schnell ein. Wenn wir früher bei Verwandten gefeiert haben, hat er sich wie ein kleiner Hund unter den Tisch gelegt und gepennt.«

Das stimmt nicht ganz. Ich habe nicht immer geschlafen unter dem Tisch. Manchmal bin ich auch mäuschenstill wach geblieben und habe gelauscht, was die Erwachsenen sich zu erzählen hatten. Einmal haben sie von der »Reichskristallnacht« erzählt, dass man den Juden die Fensterscheiben eingeschlagen hätte.

Tage später habe ich gefragt: »Mutti, warum haben sie den Juden die Fensterscheiben kaputtgemacht?« – »Weil das böse Menschen sind.« – »Was haben sie denn getan?« – »Sie haben unseren lieben Heiland ans Kreuz geschlagen.«

Den lieben Heiland am Kreuz, den kannte ich natürlich. Der hing über den Ehebetten im Elternschlafzimmer. Das schwere Eichenschlafzimmer hatten meine Eltern 1931 bei einem jüdischen Essener Möbelhändler gekauft. »Gerade, als wir die letzte Rate bezahlen wollten, sind sie aus Deutschland geflüchtet«, erzählte meine Mutter später, »wir können ja auch nichts dafür, wenn sie das Geld nicht vollständig gekriegt haben.« Das Kreuz mit dem lieben Heiland ist ein stabiles Kruzifix. Aus demselben Eichenholz gemacht wie das Elternschlafzimmer.

Und während ich langsam hinüberdöse, höre ich sie unten singen. Die Worte kann ich nicht verstehen. Ich erkenne nur die Melodie. Aber die Worte kenne ich ja.

»Und alles, was von Essen kommt,
dat süpt, dat süpt, dat süpt.
Und alles, was von Essen kommt,
dat süpt, dat süpt, dat süpt.
In der Sahara ist es gemütlich,
in der Sahara ist es so schön.
Kommt so ein Schutzmann,
packt mich am Kragen,
reißt mir den ganzen Schlips kaputt.
Dann geh'n wir wieder runter, ja runter, ja runter.
Dann geh'n wir wieder runter und langsam in die Höh.
Ein Glück, dass wir nicht rau-au-au-chen
und keine Weiber brau-au-au-chen.«

Influencer – Die erste Frage, die sich jede Region gefallen lassen muss, will sie wirtschaftliche und geopolitische Geltung besitzen, lautet: Wo finde ich die Influencer? Wo bewegen sich die Menschen mit den Merkmalen, welche Robert Cialdini in seinem Buch »Influence: Science and Practice« (1984) für »Meinungsmacher« nennt: soziale Autorität, Vertrauenswürdigkeit, Hingabe, konsistentes Verhalten und Fachkenntnis.

Anne Bude – Für das Ruhrgebiet ist diese Frage eindeutig zu beantworten: »anne Bude«, profan auch »an der Trinkhalle«. Dem Ort für vertrauensvollen Meinungsaustausch; dort, wo sich Menschen treffen, die Hinz und Kunz, Jan und Pit kennen, wo Gerüchte angerührt werden, bevor sie anderswo kochen. Deshalb: Jeder, der im Ruhrgebiet wirtschaftlichen und geopolitischen Erfolg erringen will, muss zuallererst »anne Bude«.

Warum wurde gerade am Samstag gebadet? – Feste wurden gerne auf den Samstagabend gelegt; Besuch kam meist sonntags. Frisch gebadet machte man den besseren Eindruck. Schulpflichtige Kinder hatten samstags bereits ab 12 Uhr frei, bekamen meist übers Wochenende keine Hausaufgaben, standen also parat. Das Arbeitszeug des Vaters musste montags wieder sauber sein. Also ganz am Schluss auch damit ab in die Wanne!

Friedhelm Wessel
Badetag

»Bum, bum, bum!« Der dunkelbraune, mit Rissen übersäte Lederball knallte vor das grüne Tor des Schuppens, in dem der Milchmann seinen Wagen und seine Kannen untergebracht hatte. Mutter riss das Fenster auf. »Raufkommen, beide, sofort!« Ich zuckte mit den Schultern, mein Bruder Walter schoss noch einmal mit voller Wucht auf das grüne Tor.

Als wir die Wohnung betraten, gingen wir in die Wohnküche, und dort erwartete uns das übliche samstägliche Bild: Vater saß auf der Eckbank hinter dem Küchentisch und las in einem Schmöker, auf dem Ofen stand der große graue Zinkkessel, in der Mitte des Raumes die Wanne.

Wir setzen uns neben Vater auf die Eckbank. Der klappte den Schmöker zu, griff nach unten zwischen seine Beine, zog einen Schuhkarton hervor und nahm dessen Deckel ab. Obenauf lag eine alte Ausgabe der Herner Zeitung. Er faltete sie auseinander und breitete sie auf dem Tisch aus. Ein weiterer Griff in den Karton förderte seine derben Arbeitsschuhe und Putzzeug zu Tage. Vater platzierte die Schuhe genau in die Mitte der Zeitung und begann mit der Putzarbeit. »Der Pütt macht Kauenreinigung, und ich musste meinen Haken räumen.« Ich nickte. Die Prozedur wiederholte sich alle vier Wochen.

Mutter kam herein, meine beiden Schwestern Mia und Hanne an der Hand. Beide in Schlüpfer und Unterhemd. Als Mutter sie losließ, starteten sie sofort schreiend einen Wettlauf zur Wanne. Mia war die Schnellere. Auch diese Prozedur kannte ich; sie wiederholte sich an jedem Samstag.

»Heinz, könntest du mir bitte mal helfen!«, raunzte Mutter.

Vater packte die Schuhe und das Putzzeug in den Karton, faltete die Zeitung zusammen, legte sie obenauf, den Deckel drauf und den Karton zwischen seine Beine hindurch unter die Eckbank geschoben. Dann stand er auf und ging langsamen Schrittes zum Herd. Dort dampfte weiterhin der große graue Zinkkessel vor sich hin.

Ab in die Wanne! Die ist meist aus feuerverzinktem Blech; es gab sie mal in der Großausführung »Volksbadewanne«; nicht in Gebrauch, steht die Wanne im Keller oder hängt an einem Haken an der Wand.

»Verbrenn dir bitte nicht die Finger!«, raunzte Mutter.

Vater griff sich zwei Handtücher, die auf der Spüle vor sich hin trockneten, wickelte sie um die beiden Henkel des Zinkkessels, packte sich den und entleerte ihn in die Wanne. Diese Prozedur kannte ich ebenfalls; sie wiederholte sich exakt so an jedem Samstag.

Mia zog sich ihr Unterhemd über den Kopf. »Ich darf zuerst!«, rief sie.

Das durfte sie immer, denn sie war ja ein Jahr jünger als ihre Schwester.

Mutter kniete sich mit einem Stück Kernseife in der rechten Hand neben die Wanne, tauchte alle Finger ihrer linken Hand kurz ins Wasser und nickte. »Na, dann mal rein mit dir«, sagte sie, hob Mia in die Wanne und begann mit der Säuberung.

Vater, der sich inzwischen wieder auf die Eckbank gesetzt hatte, lächelte zufrieden und widmete sich anschließend seinem Schmöker.

»Warum dürfen Mädchen immer zuerst in die Wanne?!«

Erschreckt schauten alle Walter an. Der schaute erschreckt zurück, wohl weil er sich bewusst geworden war, was er da gerade gesagt hatte.

»Weil Jungs die größten Dreckspätze sind«, sagte Mutter.

»Weil Mia und Hanne, wenn ihr vor denen badet, so aussehen würden wie ich nache Schicht«, sagte Vater und klappte seinen Schmöker zu.

Walter und ich schauten zweifelnd.

»Mädchen müssen vor Jungs baden!«, raunzte Mutter.

»Und dat war schon immer so«, ergänzte Vater und widmete sie wieder seinem Schmöker.

»Halt dir gefälligst die Augen zu, sonst jammerst du wieder.« Mutter spülte mit einem Schwall Wasser den Schaum aus Mias Haaren.

»Heul doch, Mia, heul doch«, schrie Hanna.

»Halt die Klappe, gleich bist du dran.« Mutter griff nach dem rosa Badetuch, das samstags immer über der Lehne von einem der Küchenstühle hing. Vater klappte seinen Schmöker zu, stand auf, hob Mia aus der Wanne, übergab sie Mutter. Die wickelte sie in das Badetuch und übergab sie dann wieder Vater. Der trug die eingewickelte Mia zur Eckbank und setzte sie neben sich. Mia lächelte ihn an.

»Nu mach schon«, sagte Mutter und versuchte Hannas Hand zu greifen. Hanna entkam Mutters Hand, zog blitzschnell Schlüpfer und Unterhemd aus und stieg ohne Hilfe in die Wanne.

»Warum hast du dir den Schlüpfer und dat Hemd ausgezogen?!«, raunzte Mutter und begann Hanna einzuseifen.

»Morgen is Lokalderby. Sodingen gegen Westfalia. Grubenstiefel gegen Lackschuh.« Vater lachte. »Da muss ich hin.«

Was sind wir doch erfinderisch! Auch ökologisch. Wir sind Doppelverwerter. Der »Badetag mit Gießkanne« beschert den Menschen eine Abkühlung, und den Pflanzen eine wachstumsfördernde Wässerung.

Hanna beugte sich vor, und Mutter schrubbte ihr den Rücken.

»Kumma, die Hanna kriegt Tittis.«

»Hoffentlich gibtet für dat Derby noch Karten.«

Mutter legte die Kernseife weg, stand auf, ging zu Walter und gab ihm – eine links, eine rechts – zwei klatschende Backpfeifen.

»Hanna Tittis, Hanna Tittis«, schrie Mia, und versuchte sich aus dem Badetuch herauszuschälen.

»Halte deinen vorlauten Mund. So etwas sagt man nicht«, fauchte Mutter, griff nach dem großen grünen Badetuch, das samstags immer über der Lehne von einem der Küchenstühle hing, und wickelte Hanna darin ein.

»Und nun ab mit euch!« Mutter nahm Hanna hoch, Vater nahm Mia hoch, und alle vier verschwanden in Richtung Schwesternschlafzimmer.

Als Walter gebadet wurde, fiel mir auf, dass Mutter seinen Kopf zweimal recht rüde einige Sekunden unter Wasser drückte. Walter tauchte danach prustend wieder auf und sagte nichts. Mutter sagte danach zweimal dasselbe: »Musst üben, wenn du nächsten Sommer im Freibad durch das ganze Becken tauchen willst.« Nach der Prozedur wurde Walter sofort ins Bett geschickt.

Meinen Badetag absolvierte ich ohne Hilfe und Unterstützung. Mutter setzte sich währenddessen auf die Eckbank neben Vater. »Jeden Samstag die verdammte Plackerei«, hörte ich sie sagen. »Guckt dir an, wie dat hier aussieht. Da brauch ich Stunden.« Und: »So geht dat nich weiter.« Sie wischte sich mit einem Handtuch den Schweiß aus dem Gesicht.

Irgendwann tuschelten die beiden. Einen Satz habe ich trotzdem verstanden. Mutter hat ihn mehrere Male wiederholt: »Wir brauchen jetzt eine Wohnung mit eigenem Badezimmer.«

Am Sonntag durfte ich mit Vater zum Derby. Walter hatte Stubenarrest. Grubenstiefel gewann mit 3:0 gegen Lackschuh. Auf dem Rückweg sagte Vater zu mir: »Irgendwann einmal, da müssen wir ein Gespräch unter Männern führen.«

Bei knuffigem Wetter kann der Badetag natürlich auch ganz woanders stattfinden, zum Beispiel in der riesengroßen Wanne Rhein-Herne-Kanal. Die Vorteile: kost nix und macht vielleicht noch mehr Spaß als in den Wannen zu Hause, weil alle gleichzeitig reinsteigen können.

Für alle, die den spontanen »Kick« suchen: Der ist bei uns verfügbar. Jederzeit. Autofahren im Ruhrgebiet, besonders auf den »Verhängnisvollen Drei«, dem Ruhr- und Emscherschnellweg und der A3, besitzt Abenteuergarantie und ist ohne Unfall kostenlos. Sigi Domke, verkehrspsychologisch stabiler Revierkomödienschreiber, Herbert-Knebel-Texter, Buchautor und vielseitiger Musiker, kann ein Lied davon singen.

Sigi Domke
Autofahren im Ruhrgebiet

Liebe Ruhris, wenn ihr Autofahrer seid, kennt ihr alle den Fall, dass ihr im Ruhrgebiet von A nach B wollt. Das lässt sich ja nicht immer vermeiden, auch wenn man sich das noch so sehr wünscht.

Machen wir es mal konkret, sagen wir mal, ihr wollt von Essen nach Wanne-Eickel. Ja, das ist das Städtchen, zu dem auch Herne gehört! Wenn ihr also zum ersten Mal nach Wanne fahrt, was hier bei ungefähr 95 Prozent der Bevölkerung der Fall sein dürfte, und wenn ihr so ein bisschen altmodisch seid, dann guckt ihr vorher auf den Plan, wo ihr herfahren könnt, um da hinzukommen, und schätzt mal eben übern Daumen, wie lange das wohl normalerweise dauert, und dann kommt ihr ungefähr auf eine halbe Stunde. Wenn ihr technisch auf dem aktuellen Stand seid, dann sagt euer Navi euch dasselbe. Und dann fahrt ihr rechtzeitig los, das heißt, ungefähr zwei Stunden vor der normalen Abfahrtzeit. Denn ihr wisst ja, so gut wie alle Wege führen über die A40, und sobald ihr da auffahrt, steht ihr wieder, und für die folgende Autobahnstrecke würde es auch reichen, wenn euer Fahrzeug lediglich einen Gang hätte, und zwar den ersten.

Das ist normal, das kennt hier jeder. Das nimmt man mit stoischer Gelassenheit zur Kenntnis. Wenn man stattdessen mit einem Herzinfarkt reagiert, ist man vermutlich ein Zugereister, der sich noch nicht ausreichend akklimatisiert hat, oder man ist ein komplett Auswärtiger auf Besuch. Der echte Ruhri lässt sich durch Stillstand nicht aus der Ruhe bringen, denn den gibt es ja hier auf allen Ebenen.

Ruhri-Strategie

Ihr macht es euch also gemütlich im Auto im Stau, hört vielleicht die Staunachrichten, um zu gucken, ob ihr mit eurem Zwei-Stunden-Puffer wirklich auf der sicheren Seite seid, wechselt mal aus Spaß von der rechten

auf die linke Spur, um zu gucken, ob es da noch langsamer geht, und bohrt ansonsten in der Nase. Alles kein Problem! Irgendwann löst sich so ein Stau ja auf, es sei denn, es hat geschneit. Dann nicht. Aber in der Regel habt ihr tatsächlich irgendwann die Abfahrt erreicht, dann fahrt ihr ab und von da auch mal wieder im zweiten Gang. Und meistens klappt das ja mit der Pufferzeit, und ihr kommt entspannt in Wanne an.

Es ist ja auch nix stressiger als rasen auf deutschen Autobahnen. Vielleicht habt ihr noch eine interessante Sendung im Radio gehört, habt was dazugelernt oder habt eure Lieblingsmucke aufgelegt, vermutlich »Highway To Hell« von AC/DC.

Sicher, ihr müsst auch wieder zurück, und mit dem entsprechenden Puffer und der eigentlichen Fahrzeit sind das dann insgesamt mal locker fünf Stunden, die man an so einem Tag übrig haben muss, nur um nach Wanne zu kommen und wieder nach Hause. Da überlegt man sich das wahrscheinlich zweimal. Oder man fährt erst gar nicht und hat schön fünf Stunden Freizeit.

Keine Strategie

Bei all dem müsst ihr allerdings immer bedenken: Das trifft eben nur auf euch Ruhris zu. Der Ortsfremde hat vielleicht mal gehört, dass es hier viele Staus geben soll, aber der hat sich doch nie und nimmer vorstellen können, was das in der Realität bedeutet. »Puffer« heißt für den: fünf Minuten. So kennt der das aus Friesland, dem Bayerischen Wald, aus dem Osten oder wo auch immer der herkommen mag. Und dementsprechend spät fährt der los, um von Essen nach Wanne zu kommen.

Was einer aus dem Osten in Wanne-Eickel verloren hat, soll uns hier nicht weiter interessieren. Vielleicht will er in den »Mondpalast«. Oder er will mal gucken, wie es bei ihm zu DDR-Zeiten ausgesehen hat. Da bieten sich allerdings auch viele andere Ruhrgebietsecken an. Jedenfalls will er nach Wanne. Und der wundert sich natürlich, wenn er auf der Schnellstraße lediglich steht oder schleicht. Es bleibt aber nicht beim Wundern, sondern da ist direkt Hektik angesagt, weil der Fünf-Minuten-Puffer schon verpufft ist, wenn er gerade mal aufgefahren ist auf die Bahn. Das alles gilt natürlich auch für sie, also die ortsfremde Frau.

Panikreaktion

Ja, guckt euch mal um, wenn ihr bei uns im Stau steht. Da könnt ihr sehr schön beobachten, wie der Fremde irgendwann anfängt, nervös zu werden, zu fluchen, zu hyperventilieren und Panik zu kriegen. Und das sind dann die, die auch im ersten Gang drängeln und mit der Lichthupe zugange sind.

Und irgendwann verlieren die dermaßen die Nerven, dass die denken, die würden besser vorwärtskommen, wenn sie ne Nebenstrecke nach Wanne fahren würden. Da haben die aber die Rechnung ohne den Wirt gemacht! Der Wirt zeigt sich bei uns, das weiß hier ja jeder, gern in Gestalt von Straßenschäden oder alternativ dazu als Baustelle ohne, aber immer öfter auch mit Vollsperrung. Und da steht er dann, der aus dem Osten, und sein Navi sagt ihm, dass er geradeaus fahren soll, aber da ist komplett dicht. Manche machen dann den Fehler und warten da. Ja, weil die denken, so eine Baustelle, das kann ja nicht ewig dauern. Aber genau das ist im Ruhrgebiet immer häufiger der Fall: Ewigkeitsbaustellen. Früher haben die für die Ewigkeit gebaut, zum Beispiel den Essener Dom, heute haben wir hier eben ewige Baustellen.

Manche Baustellen gibt es so ewig, das kennen die Anwohner gar nicht mehr anders. Und wenn eine dann tatsächlich mal aufgehoben wird, kommt es oft zu Unfällen. Da rechnet ja keiner mehr mit Verkehr vor der Haustür.

Na ja, und was die Wartenden anbelangt, irgendwann hat auch der netteste Baustellenanwohner keine Lust mehr, dem Gestrandeten eine Frikadelle oder einen Döner zu bringen, damit der da überlebt, auch wenn die Hilfsbereitschaft von uns Ruhris noch so groß ist. Irgendwann ist Feierabend. Und dann kommt es eben auch schon mal zu Amokfahrten von völlig unterzuckerten Auswärtigen.

Gestrandete Fahrzeuge. Seit Mitte der 1960er Jahre prägen sie das Bild unserer Autobahnen. Fachmann Sigi Domke rät: Proviant mitnehmen!

Und so weit, liebe Ruhris, sollte es nicht kommen!

Wenn ihr in Wanne wohnt, jetzt nur als Beispiel, und ihr kriegt Besuch aus dem Osten, warum auch immer, dann erklärt denen im Vorfeld, was hier ein angemessener Puffer ist! Die sollen Zeit mitbringen! Für einen Tag braucht hier keiner aufzulaufen. Da kommt der unter Umständen nirgendwo hin. Und die sollen auf keinen Fall Nebenstrecken fahren wollen! Die enden alle im Nirvana. Und falls das doch mal passiert, und es kommen immer mehr Bodenwellen, dann ist das keine Verkehrsberuhigung, wo man mit fuffzich locker durchkommt. Das ist einfach eine typische Ruhrgebiets-Huckelpiste, wo neben Wellen auch Schlaglöcher vorkommen, so tief und breit wie Särge. Da ist Schritttempo angesagt! Wenn man Fußgänger überholt, ist man wahrscheinlich schon zu schnell.

Dann sollen die Proviant mitbringen für auf jeden Fall mehrere Tage, damit die auch bei plötzlichem Wintereinbruch überleben können! Mit Graupel und erst recht Schnee tun sich die Autofahrer hier schwer. Deshalb hat man besser auch immer einen Generator mit anschließbarer Heizung im Gepäck und ein Rätselheft für zum Zeitvertreib.

Dann sollen die möglichst vor der Fahrt eine frische Autobatterie einbauen, denn eine alte ist schnell leer hier im Stau, und dann bleibt die Kiste stehen, und die Schlange wird noch länger!

Wichtig sind auch Fotos vom Partner und den Kindern, falls man mal die Hoffnung verliert oder beim langen Warten vergisst, wie die aussehen. Und am wichtigsten ist, die sollen viel Galgenhumor mitbringen! Ohne den geht bei uns auf den Straßen gar nix!

Zwei Fotos, die ein Ereignis festhalten, das Eingang in die Geschichtsbücher gefunden hat: Der 24. September 1959 war der letzte Tag ohne einen Stau auf den Autobahnen des Ruhrgebiets.

»All den Verhunzern aber, die von Glück sagen können, dass fortgesetzter Missbrauch von schutzbefohlenen Wörtern immer noch kein Straftatbestand ist, macht Hubertus A. Janssen vor, wie schön, wie ganz anders, wie schöpferisch man mit der Sprache umgehen kann. Janssen jongliert und wendet die Wörter, ja er lässt sie vor den Lesern kleine Pirouetten drehen.« (Jens Dirksen)

Hubertus A. Janssen
Charlotte im Sommer

Oh, meine kleine
Sommermotte.
Du, Charlotte.

Ich bau uns eine
Meeresgrotte.
Oh, Charlotte.

Und fang Dir eine
Edelsprotte,
oder auch eine
Wildschweinrotte.
Ganz wie Du willst.
Oh, Charlotte.

Und denk nicht mehr an
Lieselotte,
die kleine flotte
Exkarotte.
Oh, Charlotte.

Denn Du bist meine
Sommermotte,
nur
Du, Charlotte.

Klischees – Gibt es viele völlig bekloppte, die immer dann aus der Kiste gezogen werden, wenn ein Blöder für was Blödes gesucht wird. Diese betreffen irrwitzige Merkmale des Ruhrgebiets wie auch seiner Bewohner. Es gibt bekloppte Sprüche und Redensarten, die sich »eingebürgert« haben, leider manchmal auch bei Bewohnern unseres Landes. Zum Beispiel: »Ist doch alles so schön grün hier!?«

Und Friedhöfe nicht vergessen! – Leider glauben viele Ruhrgebietler, sich durch diesen Spruch rechtfertigen zu müssen, argumentieren mit Prozenten von Wald, Wiesen, Friedhöfen und dass hier doch … ganz viel getan … auch wenn … leider noch nicht ganz, aber spätestens 2050. – Ja, leben wir auf einer große Kohlenhalde, fliegen hier Briketts durch die Gegend, husten wir Koks!?

Männe, hoffnungsvoller Spross einer Sterkrader Malermeister-Dynastie, ist ein typischer Ruhrgebietsjunge: Er geht – wenn notwenig – ganz eigene Wege, und überall, wo er auftaucht, wird es windig. Ende der 1930er Jahre unternimmt er mit seiner Mutter die erste Fernreise: zur großen Schwester Elisabeth und zu Schwager Manfred nach Dortmund-Eving, erst mit dem Zug und dann mit der Straßenbahn …

Heinz Georg Schmenk
Reisen bildet

Über fünfzig Traumkilometer mit der Bahn lagen vor ihm. Abfahrt Bahnhof Sterkrade, bis Oberhausen-Hauptbahnhof, dann umsteigen und über Altenessen, Gelsenkirchen, Wanne-Eickel, Herne und Castrop-Rauxel nach Dortmund Hauptbahnhof. Eine richtig große Reise war das. Über fünfzig Kilometer, hatte Mutter ihm gesagt.

Rechts und links der Strecke tauchten Zechen mit sich drehenden Förderrädern auf, die Menschen und Material kilometertief in den Boden versenkten oder an die Oberfläche holten, Kokereien, in denen Kohle in Brand gesteckt und dann mit Wasser gelöscht wurde. Ungeheure weiße Dampfwolken wurden dabei sichtbar und vermittelten den Eindruck, die Kokereien würden sich in eine andere Welt verabschieden. Da gab es Stahlwerke zu sehen, durch deren häufig offen stehende Hallentore er beobachten konnte, wie Eisen aus den Hochöfen in blendenden Lohen zu Stahl verarbeitet wurde; Walz- und Hammerwerke, die wiederum aus Stahl Gegenstände formten, die man beim Baustoffhändler kaufen konnte, oder einen Stahlblock wie einen Knubbel Kitt in Vaters Werkstatt zu einem vorgeformten Klotz werden ließen; die chemischen Fabriken mit den gelben Gaswolken und nicht zuletzt Schornsteine, aus denen es mehr oder weniger qualmte, je nach Witterungslage mal als Säule oder Pilz steil nach oben oder als Schleppe in Gegenrichtung zum vorherrschenden Wind. Die Kette der gewaltigen Fabrikanlagen endete erst kurz vor dem Dortmunder Hauptbahnhof. Dort bildete ein riesiges Werk der Dortmund-Hörder-Hüttenunion den Abschluss.

Während der Fahrt klebte Männes Gesicht fest an der Scheibe der Abteiltüre, damit ihm auch nicht die geringste Kleinigkeit der vorbeiziehenden Industrielandschaft entging. Bot die rechte Seite des Abteils kurze Zeit nichts besonders Sehenswertes, stolperte er über die Füße der Mitreisenden auf die andere Seite, um dort noch nicht Gesehenes zu entdecken; vielleicht zur

Schaffnerinnen. Rudolf Carl hat ihnen 1942 ein Lied gewidmet: »Einsteigen bitte, einsteigen bitte, ruft sie jedem laut ins Ohr. Bleiben Sie bitte nicht in der Mitte, gehen Sie doch endlich mal vor. Liebe kleine Schaffnerin, bling, bling, bling! Sag', wo fährt dein Wagen hin, bling, bling, bling!«

Abwechselung mal ein Kraftwerk mit besonders hohen Kühltürmen und alle anderen Bauwerke überragende Schornsteine.

Dortmund war erreicht. Mutter entnahm dem Gepäcknetz einen kleinen Koffer und die Reisetasche, stieg sicherheitshalber rückwärts die beinahe senkrecht angebrachten Stufen des Waggons hinunter, setzte den Koffer ab, nahm dankbar die Reisetasche entgegen, die ihr ein Mitreisender entgegenhielt, und auch ihren Sohn, der wie die Tasche auf dem Luftwege überreicht wurde. Dann ging es den Bahnsteig entlang, die Treppen zum Verbindungstunnel hinunter, durch die Eingangshalle auf die Haltestellen der Straßenbahnlinien zu. Mutter musste nicht lange suchen, der Haltepunkt der Bahn war hinlänglich bekannt, und wie an manchen Tagen im heimischen Tapetenladen schien es auch hier ununterbrochen rein- und rauszugehen. Das war Großstadtverkehr.

Und dann weiter mit der Straßenbahn bis Dortmund-Eving. Keiner der übrigen Verwandten, eine Cousine von Mutter in Kamen mal ausgenommen, konnte den Besuchern eine solche Anreise bieten. Das war fast so, als wenn sich Untertanen zum Hofe ihres Königs begaben, und machte einen Teil der großen Bedeutung der Dortmunder jedenfalls für Männe aus. Die konnte man nicht so einfach, so mal eben zu Fuß oder mit dem Rad erreichen – und schon gar nicht jeden Tag.

Und da rumpelte sie auch schon heran. Kind, Koffer und Reisetasche wurden in dieser Abfolge in die Bahn gehievt, diesmal ohne helfende Fahrgasthände, und Mutter bahnte sich den Weg zu einer noch freien Sitzgelegenheit, währenddessen schon fast die erste Haltestelle auf der Bahnhofsrückseite erreicht worden war. Männe fand auf Mutters Schoß Platz. Nach weiteren fünf Haltestellen war die Anzahl der Geschäfte schon deutlich ausgedünnt, die Straßen wurden überwiegend von größeren Wohnhäusern gesäumt. Drei weitere Haltestellen, dann war Eving erreicht.

Noch nicht Endstation! Das Abenteuer zum kleinen Preis gibt es in Essen, Duisburg, Bochum, Gelsenkirchen-Horst, Mülheim und Dortmund.

Fotonachweise:
Archiv Friedhelm Wessel: Seite 4/5, 7 oben, 9, 13, 17, 21 unten, 23, 27, 30 unten, 33, 35, 37, 39, 40/41, 43, 47, 49, 53, 59, 61, 63, 79; alle Fotos auf dem Umschlag
Werner Bergmann: 7 unten, 11, 29 unten
Stadtarchiv Oberhausen: 19, 25 oben, 29 oben, 30 oben, 51 unten, 55, 56/57, 71
NW Hauptstaatsarchiv: 15
Werner Boschmann: 21 oben, 25 unten, 45, 51 oben, 65, 67, 69

Textnachweise:
Thomas Althoff, Mein erster Schultag mit Fräulein Osterfeld
aus: Thomas Althoff, Komm, wir schießen Kusselkopp, Bottrop 1999
Sigi Domke, Autofahren im Ruhrgebiet
aus: Sigi Domke, Wat ne Gegend! Überlebensratgeber Ruhrgebiet, Bottrop 2014
Manfred Hoese, Nich am Bär packen …
aus: Manfred Hoese, Braunes Hemd und leerer Magen, Bottrop 2003
Hubertus A. Janssen, Rhein-Herne-Kanal und Charlotte im Sommer
aus: Hubertus A. Janssen, Der Lurch hält durch, Bottrop 2015
Heinz Georg Schmenk, Reisen bildet
aus: Heinz Georg Schmenk, Ein Dussel ist immer dabei, Bottrop 2007
Helmut Spiegel, Und alles, was aus Essen kommt, dat süpt, dat süpt
aus: Helmut Spiegel, Ich schäbiges Frikadellchen, Bottrop 2006

Dankeschön!
Peter Allekotte, Thomas Althoff, Werner Bergmann, Jens Dirksen, Sigi Domke, Manfred Hoese, Hubertus A. Janssen, Lothar Lange, Hans Müller, Heinz Georg Schmenk, Werner von Welheim;
in Gedenken an Helmut Spiegel (†2014)

Liebe Leserinnen und Leser, ich hoffe, dieses Buch hat Sie voll davon überzeugt: Abenteuer können am allerbesten im Ruhrgebiet geangelt werden. Ohne Köder. An jeder Ecke. Also überall. Auch die Geschichte, warum diese graue Unterhose auf die Leine kommt, ist bunt und abwechslungsreich – wie unser Leben »in der Region«. Hierzu vielleicht später mehr. Bis die Tage! Ihr Friedhelm Wessel

Bücher vonne Ruhr

Verlag Henselowsky Boschmann
Postfach 10 02 31, 46202 Bottrop
Internet: www.vonneruhr.de
E-Mail: post@vonneruhr.de